# 合作与学术图书馆

COLLABORATION AND THE ACADEMIC LIBRARY

[英] 杰里米·阿特金森 编

史云 译

中国纺织出版社有限公司

致我所有的图书馆合作者，过去的与现在的。

# 为本书作出贡献者

**斯蒂芬妮·艾伦**（Stephanie Allen）

伍斯特大学，英国伍斯特

**苏珊·艾什沃斯**（Susan Ashworth）

格拉斯哥大学，英国苏格兰格拉斯哥

**杰里米·阿特金森**（Jeremy Atkinson）

图书馆与信息服务顾问，英国威尔士卡迪夫

**朱迪斯·贝利**（Judith Bailey）

阿德莱德大学，澳大利亚南澳大利亚州阿德莱德

**艾尔德温·库珀**（Aldwyn Cooper）

伦敦摄政大学副校长兼首席执行官，英国伦敦

**梅根·德康**（Megan Deacon）

莫纳什大学，澳大利亚维多利亚州克莱顿

**努厄拉·德芙琳**（Nuala Devlin）

谢菲尔德哈勒姆大学，英国谢菲尔德

**珍妮·道恩斯**（Janine Downes）

伍斯特大学，英国伍斯特

**尼尔·杜菲尔德**（Nel Duffield）

阿德莱德大学，澳大利亚南澳大利亚州阿德莱德

**吉尔·埃文斯**（Jill Evans）

SCURL，苏格兰国家图书馆，英国苏格兰爱丁堡

**索菲·法拉**（Sophie Farrar）

澳大利亚圣母大学，澳大利亚西澳大利亚州弗里曼特尔

**艾米·韩**（Amy Han）

莫纳什大学，澳大利亚维多利亚州克莱顿

**露丝·哈里森**（Ruth Harrison）

帝国理工学院，英国伦敦

**斯塔尔·霍夫曼**（Starr Hoffman）

内华达大学拉斯维加斯分校，美国内华达州拉斯维加斯

**朱迪斯·基恩**（Judith Keene）

伍斯特大学，英国伍斯特

**利奥·康斯坦泰罗斯**（Leo Konstantelos）

墨尔本大学，澳大利亚维多利亚州墨尔本

**费利佩·莱维**（Philippa Levy）

阿德莱德大学，澳大利亚南澳大利亚州阿德莱德

**凯瑟琳·马哈尔**（Cathryn Mahar）

南澳大学，澳大利亚南澳大利亚州阿德莱德

**唐娜·麦克罗斯蒂**（Donna McRostie）

墨尔本大学，澳大利亚维多利亚州墨尔本

**斯蒂芬·麦克维**（Stephen McVey）

澳大利亚圣母大学，澳大利亚西澳大利亚州弗里曼特尔

**苏珊·米基里维茨**（Susan Mikilewicz）

南澳大学，澳大利亚南澳大利亚州阿德莱德

**加雷斯·欧文**（Gareth Owen）

卡迪夫大学，英国威尔斯卡迪夫

**安德鲁·K.佩斯**（Andrew K. Pace）

OCLC，美国俄亥俄州都柏林

**菲奥娜·帕森斯**（Fiona Parsons）

伍尔弗汉普顿大学，英国伍尔弗汉普顿

**珍妮·奎利安**（Jenny Quilliam）

南澳大学，澳大利亚南澳大利亚州阿德莱德

**艾尔拉·雷默**（Eila Rämö）

阿尔托大学，芬兰埃斯波

**保罗·瑞利**（Paul Riley）

卡迪夫城市大学，英国威尔士卡迪夫

**安妮·斯科特**（Anne Scott）

坎特伯雷大学，新西兰克赖斯特彻奇

**特蕾西·斯坦利**（Tracey Stanley）

卡迪夫大学，英国威尔士卡迪夫

**艾莉森·史蒂文森**（Alison Stevenson）

格拉斯哥艺术学院，英国苏格兰格拉斯哥

**汤姆·斯托利**（Tom Storey）

OCLC，美国俄亥俄州都柏林

**海伦·托马斯**（Helen Thomas）

坎特伯雷大学，新西兰克赖斯特彻奇

**梅兰妮·索恩**（Melanie Thorn）

莫纳什大学，澳大利亚维多利亚州克莱顿

**史蒂芬·耶茨**（Steven Yates）

莫纳什大学，澳大利亚维多利亚州克莱顿

# 编者简介

杰里米·阿特金森（Jeremy Atkinson）在学术图书馆服务的领导、管理和发展方面拥有广泛的经验和专业知识。1991~2012年，他在格拉摩根大学（现为南威尔士大学）全面负责图书馆和信息服务的战略和运营管理。此前，他曾在诺森比亚大学、卡迪夫大学和曼彻斯特城市大学的图书馆任职。他最近的经历（2012年至今）是担任图书馆和信息服务顾问，与许多知名客户合作，包括Jisc、SCONUL和一些英国的私立大学。这项工作包括研究和审查国家和国际图书馆的合作伙伴关系和合作活动。

杰里米在地方和区域层面的图书馆合作方面拥有丰富的经验，包括管理和发展学术图书馆与卫生服务和继续教育学院图书馆的合作关系。他还长期积极参与许多英国战略委员会和团体，特别是Jisc（1998~2012年持续参与）、SCONUL（包括担任SCONUL执行委员会理事和成员3年）和WHELF（威尔士高等教育图书馆论坛）。与WHELF的合作包括在对威尔士学术图书馆合作的有影响力的审查和威尔士高等教育电子图书馆的发展中发挥关键的领导作用。

杰里米出版了大量的书和会议论文，主题包括变革管理、质量保证、电子资源和图书馆合作。他也是2016年Chandos出版社出版的《质量与学术图书馆：审查、评估和加强服务提供》一书的编者。

# CONTENTS 目录

# 第 1 章

# 导言

杰里米·阿特金森
图书馆与信息服务顾问，英国威尔士卡迪夫

近年来，大学和学术图书馆经受了相当大的变化，而这种变化只可能加速演进。这些具有标志性的变化包括以下几个方面：

· 用户的期望提高，随之而来的是持续维护和提升学生体验的需要。

· 数字时代图书馆支持手段出现了非中介化的趋势且往往隐身幕后。

· 当前和未来几代学生和科研人员自认为他们的信息技能够用。

· 图书馆作为一个实体，其重要性正在下降。

· 用户需求和工作方式在发生变化。

· 学生、科研人员和其他在数字环境下的用户能够获取到替代信息源。

· 大学的性质发生变化，同时引入了新的工作方式、教学方法的变化，线上文献传递也逐渐增加。

· 学术出版（如开放获取）和研究环境发生变化。

· 技术在不断变化，例如社交媒体和移动技术。

· 财政不确定性、机构削减以及问责压力日益增加。

鉴于这一复杂而重要的情况，很明显，学术图书馆越来越需要跨越传统的界限，与用户、其他专业人士和机构合作，从而成功满足用户需求，并服务于大学的办学目标。Rose（2016）在*SCONUL Focus*关于共享和协作服务的特刊社论中评论道："没有图书馆员是一座孤岛。"也许情况并非评论中说的那样，但在当前的环境下，学术型馆员再也无法独立开展他们的服务了。他们需要与用户群体密切合作，使服务具有关联性；他们需要与其他专业人员建立起密切的伙伴关系，为用户提供无缝衔接式的服务，另外，还需要在地方、区域乃至全国层面与其他机构和高校合作，对服务进行创新，从而帮助提供高效的服务，提升机构运转效率。

在这本书中，我旨在考虑影响学术图书馆内部和外部合作的不同方面，以帮助读者在复杂和困难的工作环境中为合作活动提供未来发展方向。图书馆管理人员和图书馆员需要了解协作方法如何有助于提供更有效、高效和创新的服务。他们需要知道如何更有效地与他们的用户（学术人员、研究人员和学生）互动。他们还需要知道如何与机构内的其他专业人员以及其他大学和组织的工作人员合作，其中许多人的职责、文化和工作方法将与他们自己的截然不同。

与合作和学术图书馆相关的文献相当丰富和复杂，非专业图书馆员或图书馆专业的学生难以获取和理解。我试图通过采取与我在前一卷关于质量和学术图书馆（Atkinson, 2016）中使用的类似方法来处理这个问题。我首先提供该领域的广泛介绍和概述，随后是一系列案例研究，为更有经验的信息专家提供了实用的方法和最新的关联内容。希望这本书能呈现学术图书馆合作和所需的技能方面不同的合作领域的观点、信息，包括“是谁”“为什么”“是什么”和“怎么样”等。

本书还试图通过以下方式为广大读者提供相关的方法：

· 在概述中提供可访问的内容，并在参考文献和延伸阅读部分中指明更可读的文章。

· 提供关键主题和趋势、关键发展和关键资源的指引。

· 涵盖涉及学术图书馆的协作工作的不同方面。考虑到图书馆或包含图书馆功能的部门间的内部协作，以及与大学内各种利益相关者的内部协作。外部合作着眼于本地、区域、国家和国际的发展。

· 提供有关学术图书馆运作的背景和变化环境的信息。在适当的情况下，各章撰稿人主要考虑以下几个方面：政治、经济、社会和科技等方面在学术图书馆产生的变革；变革的本质和学生及用户的需求；在学术交流、教学和学习等方面的变革；以及图书馆和图书馆员角色的转变。

· 聚焦英国但放眼世界。尽管编者和各章撰稿人来自英国，但本书依然试图吸纳来自澳大利亚、新西兰、美国、芬兰等世界各国的海量研究成果，使本书的国际视角更丰富。

我认为如果我要求各章撰写者在适当的地方采用批判性反思的方法会有所帮助。在上一本书《质量与学术图书馆》中也使用了这种方法。许多与合作和学术图书馆相关的文献都有效地描述和分析了该领域的发展。虽然本文也采用了这种方法，但除此之外，我还要求撰稿人回顾他们的合作发展和项目，以及所开展工作的含义、影响和意义。我希望这将有助于读者更深入地了解涉及学术图书馆的合作，以及不同途径和方法的好处和限制，从而反思他们自己以前的合作活动，并规划未来的举措。

近年来，反思性实践和批判性反思的思想在包括健康和护理科学在内的许多专业领域得到了越来越多的应用。专业知识的发展和理解对于专业实践是必不可少的。研究发现，使用自我意识（反思）和持续自我批判（批判性反思）的方法对持续能力的发展是有用的（Williams, 2001）。相比之下，之前的研究中，管理和领导力相关文献受到的关注较少，管理者往往更强调行动和结果（Gray, 2007）。除个例以外，在图书馆学和信息科学研究中也少有相关回顾（Greenall & Sen, 2016）。组织变革的进程和工作场所的日常需求往往没有留下多少反思的时间。

批判性反思的目的是让实践者做到以下几点：理解实践的本质和意义；通过自我反思和批评来纠正和改进实践；通过对实际事件的反思和批判，生成良好的实践模型和应用理论。批判性反思有三个阶段：描述阶段，对实践或事件进行描述；反思阶段，对事件或情境进行反思性分析；批判阶段，对实践进行批判（Kim, 1999）。

我使用了以上方法，特别是Borton（1970）的发展模型中的“是什么？结果是什么？现在该怎么办？”这一结构，为各章撰写者提出一个简单的批判性反思框架，以帮助他们撰写文章和案例研究。这个框架如表1–1所示。关于批判性反思的其他参考文献在本书末尾的“延伸阅读”部分给出。

**表1–1 反思框架**

| 批判性反思要素 | 问题 |
| --- | --- |
| **是什么？**<br>问题描述 | · 正在研究的服务和活动是什么？<br>· 协作的内容是什么？<br>· 这项工作是如何进行的？<br>· 使用了什么方法？<br>· 谁进行了这项工作？<br>· 还有谁参与了这项工作？<br>· 我在这项工作中扮演什么角色？<br>· 我曾经做过什么？ |
| **结果是什么？**<br>问题分析 | · 协作是否有效？<br>· 哪部分运转有效？<br>· 哪部分运转欠佳？<br>· 协作的收益是什么？<br>· 协作的挑战和障碍是什么？<br>· 提高合作效率的技巧和方式是什么？<br>· 技术手段是怎样用于协作性工作的？<br>· 在工作中，用于协作的方法是否会因经验的增加而调整？<br>· 你从工作中得出了什么结论或建议？ |
| **现在该怎么办？**<br>问题延伸 | · 协作给工作带来了什么变化？<br>· 在这些变化中，哪些运行良好，哪些欠佳？<br>· 这些变化造成的影响和意义是什么？<br>· 进一步协作的潜力有多大？<br>· 作为反馈，协作的方法是否符合最初的预期？<br>· 如果重新来过，我会怎样换一种方式进行协作？<br>· 我会采取什么样不同的方法或手段？ |

# 第 2 章

# 合作与学术图书馆：概况与文献综述

杰里米·阿特金森

图书馆与信息服务顾问，英国威尔士卡迪夫

## 2.1 引论

本章对涉及学术图书馆的合作的各个方面进行概述和文献综述。我的目的是定义合作的不同要素，并简要描述一些最重要的问题和研究的最新发展。在接下来的案例研究中，将讨论其中的一些主题。考虑到图书馆或具有图书馆功能部门的内部合作，以及与大学内各种利益相关者的内部合作。外部合作的讨论将着眼于本地、区域、国家和国际的主要问题和发展。

该领域的总文献量是巨大的，在这种综述中只有非常严格地挑选才是可行的。在为文献综述选择文章、书籍和其他材料时，我选择了那些通常是最新的、可读的、可访问的，并且有助于以一种有趣的方式清晰地说明关键主题的项目。本书末尾的“延伸阅读”部分给出了一些额外的资源。其他材料可以通过图书馆期刊以及文摘和索引服务找到。

## 2.2 合作、大学及其图书馆

ACRL研究规划和审查委员会（2014）在最近发表的一份关于学术图书馆最重要趋势的文件中选择了一个统一的主题，即深入合作，并确定了最近或当前涉及图书馆参与或可以从图书馆参与中受益的合作示例。在当前的环境下，学术图书馆在努力保持质量的同时，也在努力应对预算减少、新技术出现和新服务需求的挑战。为了应对这些趋势，Kaufman（2012）建议，需要重新思考和改变图书馆的传统伙伴关系及其在学术机构中的地位和角色，并开发新的合作模式。Giesecke（2012）持类似观点，并主张建立新的、改进的合作关系，以利用资源和共享专业知识，从而提供更好的服务和更广泛的馆藏。Neal（2011）主张在研究型图书馆社区中采用一种更激进的合作方式。

Melling和Weaver（2012）提供了一系列案例研究，举例说明了跨越传统专业界限的工作，以提供更好的性价比，并维持和增强学生体验。另一个有用的案例研究集合（Hale, 2016）着眼于所有类型的图书馆如何汇集资源来购买、存储和提供访问，实现从个人管理和本地馆藏的资源共享到建立协作馆藏和管理共享馆藏的明显转变。类似地，Ball（2005）研究了与图书馆供应商和其他图书馆合作伙伴在图书馆资料购买方面的合作。

第3章从副校长的角度考虑了涉及学术图书馆的内部和外部合作的性质和重要性，而第4章描述了伍尔弗汉普顿大学的转型计划，通过跨传统“服务”和“学术”边界的合作实现了文化变革。

在涉及学术图书馆的合作活动中，技术的使用越来越重要，无论是项目管理还是与用户的接触（Mallon & Bernstein, 2015）。例子包括使用社交媒体来提高受众参与度并创建用户社区（Chatten & Roughley, 2016；Harrison, Burress, Velasquez, & Schreiner, 2017），使用网络工具来管理项目（Westbrook, 2012）和进行数字人文协作（Rath, 2016），以及使用新一代图书馆目录作为图书馆专家之间的协作工具并协助用户生成内容（Tarulli & Spiteri, 2012）。

## 2.3 学术图书馆与内部协作

### 2.3.1 概述

Delaney和Bates（2015）强调，学术图书馆需要采取更多参与性和合作性的方式来提供图书馆服务，需要调整自己的角色，并建立更牢固的校际关系，以保持和发展他们与所有利益相关者的相关性。在一系列关于合作伙伴关系和学术图书馆新角色的研究成果中，Eden（2015）着眼于内部合作的发展，包括联络型图书馆员角色的变化、新图书馆空间的合作以及对研究的支持。Levy和Roberts（2005）研究了在日益多样化的学生群体中积极和独立学习的需求，以及通过不同专业背景的工作人员之间的合作伙伴关系发展混合学习和线上学习方法。同样地，Massis（2016）强调图书馆有责任积极与学生互动，帮助提供关联性学习，助力学生成才。与此同时，用户需求驱动下的习得等方面的发展有助于增强图书馆馆藏与用户的相关性（Nixon, Freeman, & Ward, 2012）。

电子信息的进步为学术图书馆提供了与其他部门密切合作的机会，如数字保存（Stewart, 2012）。随着所有这些发展，有必要确保图书馆的工作与大学战略密切一致，图书馆内部合作以及与其他部门的合作可以帮助这一点得到有效实施（Jeal, 2014）。以下各节将考虑这些以及内部合作的其他方面。

### 2.3.2 图书馆内部协作

战略规划通常可以被视为一种管理工具，而图书馆工作者会感到这离他们的实际工作过于遥远。匹兹堡大学（Brenner, Kear, & Wider, 2017）使用参与式规划来帮助图书馆工作人员了解变革的驱动因素，形成组织决策，并感受到投入运营的内容的所有权。作者强调，为了获得包容性，需要定义和使用一套明确阐述的价值观。跨部门委员会和小组，如员工发展委员会（Davis & Lundstrom, 2011），可以帮助建立部门关系，提高积极性和士气，并获得来自图书馆不同领域和层次的反馈。

通常需要做出协调一致的努力，以确保中央和部门图书馆的图书馆工作人员（Ullah, 2015）以及国际分校的工作人员（Green, 2013）之间的有效沟通和协作。第5章描述了澳大利亚圣母大学建立的实践社区，该大学的校园遍布澳大利亚各地。这有助于确保图书馆工作人员更多地参与决策。不同的图书馆团队需要共同努力来确保有效地提供服务。在科罗拉多州立大学（Hunter, Legg, & Oehlerts, 2010），人们认识到，在创建数字化馆藏时，需要档案、编目和数字化团队之间密切合作，并将不同的专业、技术技能和观点带入该项目。西伊利诺伊大学（Cordes, 2016）使用了一种行动过程方法来改善在线图书馆工作团队的协作决策。第9章提供了莫纳什大学基于图书馆的电子学习开发人员和版权顾问合作开发在线版权学习资源的详细信息。

#### 2.3.3 与院系合作

鉴于技术的变化以及学生和学术人员寻求和使用信息的方式，学术型图书馆员的角色不得不改变，更多地关注用户，帮助学生取得成功，而不是收集信息（Mi, 2015）。一些教职员工倾向于不把图书馆员视为同伴，这可能会有困难，但图书馆员需要在学生学习（Meulemans & Carr, 2013）、课程讲授中寻求成为真正的合作伙伴。这对图书馆员在课程设计和讲授中所扮演的角色有影响（Blevins & Inman, 2014），后面关于信息素养和嵌入式图书馆事业的章节更详细地考虑了一些关键问题和活动。其他活动，如合作提供展览空间（Lotts, 2016）可以帮助建立和巩固与院系的关系。

最近的一项研究（Pham & Tanner, 2014, 2015）有助于建立一个分析学术人员和图书馆员之间合作的概念框架。这项工作已经确定了对协作性质有重大影响的背景因素，例如不同专业群体之间存在的权力不对称以及结构性的促成因素和制约因素。

图书馆还可以在课程开发和研究的新兴领域方面与院系密切合作，寻求扩大影响力。例如，在数字人文学科中，学术图书馆可以在学术、技术和图书馆事业的复杂活动中发挥重要作用（Rockenbach, 2013）；在大规模在线开放课程（MOOC）的开发中，图书馆员可以在版权、许可、信息和数字素养技能等领域为大规模在线开放课程的制作和展示提供重要的支持（Gore, 2014）。在第11章中，有教师与图书馆合作的详细信息，墨尔本大学建立数字工作室，支持数字人文学科的研究和合作。

#### 2.3.4 与其他支持部门的合作

学术图书馆与校园其他部门密切合作有着悠久的传统，特别是在有强烈共同兴趣和活动的地方，例如通过计算机中心/ IT服务提供基于IT的服务，并通过学生服务部门支持学生体验。图书馆员和学生事务专业人员在学术不端教育、职业和就业能力、学习共享和残疾支持等领域密切合作（Hinchliffe & Wong, 2012）。学习技术专家和图书馆员合作确保学习活动和电子资源在学生学习中的适当整合（Dale & Cheshir, 009）。

图书馆和写作中心之间的合作（Mahaffy, 2008; Palomino & Gouveia, 2011）以及图书馆和学习支持单位之间的合作（Pillai, 2010）已经发生，以改善学生的体验。最常见的密切合作模式是将这些合作定位在图书馆内。物理上的共处一地有助于提供一种更加以学生为中心的方法，使其无缝地获得不同领域工作人员的帮助和服务，并且可以从图书馆的长开放时间中获益。学术图书馆还与商业服务部门合作，帮助制定大学研究中创新发明的商业化策略（Elliott, Dewland, Martin, Kramer, & Jackson, 2017）。随着机构资源库的广泛发展，越来越多的图书馆与大学出版社、IT部门或研究办公室成为开放获取出版图书的合作伙伴（Adema & Schmidt, 2010; Barker, 2015）。

### 2.3.5 融合与超级融合

从20世纪80年代末开始，图书馆和IT服务之间传统上密切的协作关系进一步发展，特别是在英国，学术图书馆和计算机服务的融合架构成为一种流行的组织模式（Hanson, 2005）。最近，一项对24所英国研究型大学的研究表明，图书馆和计算机服务的整合已经成为一种趋势（Corrall, 2014）。随着专业身份和服务质量的实际和文化问题日益突出，去融合变得越来越普遍（Quinlan & McHarg, 2012）。

最新趋势是向“超级融合”转变，融合更广泛的学生支持服务（Appleton, 2010），以有强大的制度驱动因素增强学生体验，提升招生和留存率。在第6章中，对卡迪夫城市大学图书馆工作人员在整合图书馆服务、IT服务和业务改进服务的融合服务中的协作活动进行了分析和反思。第7章描述了谢菲尔德哈勒姆大学将所有面向非教师学生的服务整合为一个大型理事会的情况。

### 2.3.6 与学生合作

学生期望的提高，与高昂的学费相关联，导致学生更多地与学术机构合作（Appleton & Abernethy, 2013）。这对学术图书馆在发展和改进服务方面是有益的。传统上，学生以用户和学生雇员的身份参与学术图书馆的工作。Bodemer（2016）强调了向学生助理学习的机会，因为他们可以适应不断变化的学生需求和行为。学术图书馆越来越多地利用学生来完成日常图书馆任务以外的工作。在传统的监督结构中，让学生执行以任务为导向的工作，可能无法为学生或图书馆提供最大的利益（Denda & Hunter, 2016）。以团队为基础让学生参与到一个项目中来，这种方式可以为学生提供相互学习的机会。

在埃克塞特大学（Gale, 2013），“学生冠军”被用来推广图书馆，反馈关键问题，并减少在同龄人需要的图书馆资源上的花费。纽卡斯尔大学（Oddy, 2015）采用了关系管理方法，让处于不同服务发展阶段的学生参与其中。我们使用了不同的沟通渠道来“将对话带到学生所在的地方”，例如，利用社交媒体、教职员—学生委员会和学生联合会。学生也被雇用从事研究和促进服务。在利物浦大学（Thompson, Hunter-Jones, & Barker, 2014），图书馆员承担了常规信息素养活动之外的责任，与学生一起参与图书馆服务的市场研究模块，这是学生课程的一部分。在一些机构中，学生也在学习空间的共同设计中发挥了作用（见后面的部分）。

### 2.3.7 联络型/学科图书馆员

图书馆与学术人员合作的传统模式是通过学科图书馆员或学术型联络图书馆员。这些工作人员在经历了一段相对较长的稳定时期后，财务压力和数字世界的影响使一些机构开始质疑他们的价值和贡献。这导致了图书馆工作人员对去专业化和取消服务的担忧。一些图书馆已经实施了一种更实用的方法，而诺丁汉大学（Eldridge, Fraser, Simmonds, & Smyth, 2016）和约克大学（Blake & Gallimore, 2016）等地的其他图书馆已经从传统的主题模式转向使用关系管理。这些担忧导致联络型和学科图书馆员寻求将自己的角色扩展到信息素养等既定角色之外，特别是在研究支持领域。一个关键问题是识别和获得这些图书馆员需要的研究和教学技能，以便更好地指导学生，协助学术人员进行研究，并有助于克服一些院系轻视图书馆员的偏见（Mack & White, 2014）。

也有一些有用的评估研究与联络型和学科图书馆员有关。拉夫堡大学（Cooke et al., 2011）的一项研究表明，学术人员重视联络型图书馆员所作的贡献，特别是通过深入的学科知识、IT技能、成熟的沟通技巧，以及在版权和知识库等领域提供专家建议。Corrall（2015）使用战略地图和平衡计分卡来帮助确定学科图书馆员可以作出的贡献；Miller（2014）开发了一个实用模型，用于对联络活动（包括图书馆员个人的活动）进行形成性自我反思评估。

### 2.3.8 嵌入式图书馆事业

从术语“学科图书馆员”到“联络型图书馆员”的变化可以看出，学术图书馆需要与院系更密切地合作。最近，随着“嵌入式图书馆员”方法的采用，这一概念又向前迈进了一步。Shumaker（2012）将嵌入式图书馆员定义为“一种独特的创新，它将图书馆员移出图书馆，并创造了一种新的图书馆和信息工作模式”。它强调了在图书馆员和需要图书馆员专业知识的群体或团队之间建立牢固的工作关系的重要性。这种方法也被应用在了医学图书馆和循证医学（Brady & Kraft, 2012; Shipman, 2007），其中嵌入式图书馆员或“信息学家”因为拥有实践技能以及信息检索和综合技能，已经演变为帮助、支持客户在自然工作流程中的需要的角色。

在某些方面，可以看出，学术图书馆对嵌入式图书馆员的使用根植于分馆，而在分馆，图书馆员一直能够与院系密切合作（Hall & Marshall, 2014）。嵌入式方法涉及图书馆员和教师之间更高层次的合作，图书馆员沉浸在学术体验中并充分参与其中。这包括他们在教室、实验室、工作室花费大量时间，在学术部门工作，制作和发布课程材料和作业，通过面对面或线上方式嵌入教学（Hoffman, 2011），或与研究人员一起从事科研（Carlson & Kneale, 2011）。采用嵌入式图书馆工作并不总是直截了当的，可能存在需要克服的挑战和障碍，特别对学术人员来讲，在图书馆员承担的实际和潜在角色和责任中，什么是可以接受的（Bartnik, Farmer, Ireland, Murray, & Robinson, 2010）。在第8章中，Starr Hoffman反思了她自己在嵌入式图书馆的经验和研究。

### 2.3.9 信息素养

信息素养是图书馆与教师合作中被写得最多的领域之一，本书最后的延伸阅读部分给出了一些例子。一个关键方面是学术人员与图书馆员的合作与信息素养活动（包括学生表现）的有效性之间的关系（Booth, Lowe, Tagge, & Stone,

2015; Douglas & Rabinowitz, 2016）。有效的讲授也可能导致课程的接受者，包括那些被培训为教师的人，强调信息素养对包括学生在内的其他人的重要性（Soules, Nielsen, Lee, & Rifae, 2013）。Mackey和Jacobson（2010）强调，随着信息素养越来越多地融入许多机构的课程，信息素养的评估成为一个优先事项，重点关注学习成果和学生成功。他们认为，如果学术人员和图书馆员合作而不是独立工作，就能开发出一种更全面的衡量学生学习成果的策略。这本书提出了商业、社会科学、教育和人文学科领域信息素养评估的八种创新模型。

为了使信息素养的提供有效，需要努力确保其与受众相关。在工程方面，Fosmire（2012）强调图书馆员需要合作，将他们自己的信息素养语言转化为工程教育者的语言和教学法。提供科学技术信息素养教学的图书馆员也越来越需要与学术人员合作，将他们的技术和能力从传统信息源扩展到其他信息源，包括原始数据的使用（Macmillan, 2015）。其他合作领域包括提供大学前学术扫盲计划，如坎布里亚大学的HeadStart计划（Fraser, Shaw, & Ruston, 2013），以及图书馆与其他人合作提供大学数字扫盲计划（Walton, 2016）。第10章探讨了数字文化框架的创建，这是一项涉及阿德莱德大学图书馆的联合倡议。

### 2.3.10 研究支持

许多研究人员对图书馆员能为他们提供什么缺乏认识，其结果是，研究社区可能是图书馆员难以参与的地方。调查显示，研究人员对图书馆的体验和看法并不总是积极的（MacColl & Jubb, 2011），一些学术人员对更密切的联系持矛盾态度。教师与图书馆的关系被描述为具有“不对称的脱节”（Christiansen, Stombler, & Thaxton, 2004），学术人员通常可以以孤立和专有的方式进行研究，而图书馆工作人员被视为非专家。Daland（2013）评论说，许多图书馆员不会拿到研究学位，但仍被期望为博士（PhD）候选人提供研究支持。她强调，图书馆员需要与研究人员密切合作，以确保在研究支持和信息素养技能方面取得有效的相互学习成果。

Corrall（2014）强调，技术的进步以及高等教育和研究的变化要求图书馆员重新思考他们为研究人员提供的服务。许多图书馆员正在转向“高端支持”，并采用基于与学术合作伙伴更深层次合作的新服务模式。图书馆还经常需要与其他大学院系密切合作，以便为研究人员开发创新、稳健和可持续的新服务（Macdonald & Martinez-Uribe, 2010）。第13章和第14章提供了案例研究——学术图书馆与其他大学院系紧密合作，提供综合研究支持。

### 2.3.11 学习空间/图书馆建筑合作

Meunier和Eigenbrodt（2014）强调了技术发展以及不断变化的学习和共同工作文化给图书馆设计带来的变化。以前的规划过程通常是自上而下的，建筑师和设计师倾向于发号施令，但强调创造用户友好的环境导致用户参与规划过程。参与式行动研究（Brown-Sica, Sobel, & Rogers, 2010）和用户体验设计（McArthur & Graham, 2015）等技术有助于更好地了解图书馆空间中的用户需求和行为。

除此之外，图书馆空间使用的变化，特别是随着印刷资源使用的减少，许多机构重新思考和翻新这些空间，并考虑图书馆与校园其他单位合作提供协作服务的机会（Lippincott, 2004）。例如信息共享、学习共享和社会学习空间，寻求利用技术和几个不同专业团体的信息专业知识为用户提供无缝的服务。Schader的案例研究集（2008）强调了图书馆、IT服务和教学部门在这些发展中的深度合作，学术人员和学生也参与了规划和讲授。Storey（2015）提到了学习空间规划中不同参与者之间经常存在的“模糊关系”，内部社区、外部建筑师和承包商的代表们试图理解各自的立场，以共同创造动态的学习空间。特别是图书馆员和建筑师之间有时会出现紧张关系，需要相互妥协。

在学习共享环境中，以学生为主导的方法强调点对点模式，导致机构采用学生提供的服务，以补充传统上由图书馆员、IT专家和其他学习专家提供的课程（Mitchell & Soini, 2014）。学生成为接触的第一线，并接受必要的培训，以确保提供有见识的帮助和准确的推荐。第12章提供了阿尔托大学共同设计的案例研究，大学工作人员和学生与图书馆工作人员、建筑师和设计师一起参与图书馆改造的规划过程。

## 2.4 学术图书馆与外部协作

### 2.4.1 地方和区域合作

图书馆联盟一直是高校图书馆发展地方和区域合作服务的关键手段之一。这些联盟可以仅限于学术图书馆，也可以有更广泛的成员。Horton和Pronevitz（2015）基于对美国的研究，对当前图书馆联盟的历史、近况、管理方法、关键趋势和关键服务进行了有益的概述，包括16个案例研究。财务上的不确定性给一些图书馆联盟带来了一些困难，书中提到，自2008年以来，已有超过65家图书馆联盟关闭。然而，在许多国家，新的联盟倡议正在被嵌入。在香港由8名成员组成的大学图书馆联合咨询委员会（JULAC）中，最近在公共借书证（Mak, Chan, Lam, & Li, 2015）和馆藏管理（Minihan, 2014）方面取得了进展。对于学术图书馆来说，质量评估这一日益重要的领域为基石图书馆网络（KLN）（Garthwait & Richardson, 2008）中的区域联盟方法提供了机会，其好处包括标杆管理和经验分享。

在英国，区域性联盟有了一些重大的发展。威尔士高等教育图书馆论坛（WHELF）开展了一个复杂的项目，为威尔士的所有大学、威尔士的国家卫生服务图书馆和国家图书馆（Owen, 2016）采购和安装共享图书馆管理系统。第16章对其进行了更详细的讨论。在英国，学术图书馆联盟开发共享方法的服务领域和活动的其他例子包括M25联盟的灾难管理（Baldwin, 2016），英格兰南部图书馆的员工发展（Rose & White, 2013），以及北部协作小组的非工作时间虚拟咨询服务（Jolly & White, 2016）。白玫瑰图书馆合作伙伴关系涉及约克郡的三所大型研究型大学，多年来一直运营联合知识库，最近正在开发联合运营的数字大学出版社，以支持新的学术交流模式（Fake, 2016）。

这些发展说明了图书馆联盟在寻求以创新方式加强服务的同时具有节省成本的潜力。在某些领域，如灾害规划，图书馆的地理位置接近是很重要的，因为需要提供临时学习空间和资源。在一些联盟中，各机构在使命和优先事项方面可能非常不同，在员工发展等活动中，需要确定共同感兴趣的领域（例如客户服务技能）。创办联合大学出版社这样的创新活动，为一个机构提供了推进发展的机会，而这类发展当由机构单独来推进时将会是风险更高、问题更大的。并非所有的联盟方法都是成功的。Dean（2016）描述了由于预期的规模经济没有实现，联盟数字存储库服务关闭。在内部或通过联盟开展员工培训等活动也有利弊（Mierke, 2014）。

也有涉及其他部门的重要的地方和区域合作机会，例如与当地公共图书馆（Broek & Rogers, 2015）的合作，包括建立联合使用图书馆（见后面的部分），以及当地商业社区（Towlson & Rush, 2010）。一些学术图书馆与地方和区域继续教育学院——在学院颁发大学奖项的背景下——以及医院附属的健康图书馆，具有密切的工作关系和合作伙伴关系（Peters, Gorman, & Smith, 2016）。

### 2.4.2 联合采购

随着电子资源的发展，学术图书馆越来越倾向于通过联盟来获得最佳定价和合同条款，用于购买期刊标题、套餐以及其他电子内容，包括与印刷版的关系（Machovec, 2015）。像苏格兰高等教育数字图书馆（SHEDL）这样的倡议已经开发出创新和成功的共享服务方法来提供电子资源（Cannell, 2011）。第18章提供了一个关于SHEDL模式的案例研究，该模式继续以所有合作伙伴平等获得资源为基础。

在购买和提供电子书方面，也出现了许多有趣的合作方式。北卡罗来纳州的三角研究型图书馆网络（TRLN）开发了一种相互公平且经济可持续的模式，用于购买电子书和纸质书。其目的是创建一个图书馆用户可以接受的过渡框架，同时将图书馆员和出版商转移到专著日益电子化的环境中（Swindler, 2016）。安大略省大学图书馆理事会（OCUL）开发了一种创新的电子书授权服务模式，其中包括关注所有权和本地加载权，出于保存和访问的双重目的（Horava, 2013）。成本仍然是电子书获取的一个重要因素，纽约州的CNY联盟详细研究了电子书项目的成本和团体以及个别机构的投资回报率（Harloe, Hults, & Traub, 2015）。

### 2.4.3 共享存储

随着电子资源的发展以及印刷资源使用的减少，学术图书馆希望抓住机会重塑其物理空间。本地或区域图书馆允许图书馆通过共享所有权的方式减少低使用率印刷品的重复（vanDuinkerken & Romano, 2016）。Jilovsky和Genoni（2014）确定了从共享收藏、共享设施到共享存储的趋势，并提供了一个由澳大利亚CAVAL拥有和管理的CARM打印库的案例研究。在没有国家政策或计划可参考的情况下，在定义和实施本地或区域共享存储方面可能存在一个更大的挑战（Bird & Wong, 2014）。

### 2.4.4 联合使用图书馆

联合使用图书馆是一种特定类型的本地合作，两个或多个独立的图书馆服务提供商使用同一图书馆大楼为不同的客户提供服务。它们也可以被称为联合图书馆、双重用途图书馆、共同管理图书馆或合作图书馆。最常见的联合使用图书馆包括公共和学校图书馆或公共和学术图书馆。也有联合大学图书馆为多所大学服务的例子（Flemming, 2011）和学院—大学倡议（Hommey, 2015）。

一些联合使用图书馆正在利用合作伙伴关系开发创新服务，扩大用户和工作人员的视野。一个很好的例子是伍切斯特大学的“蜂巢”项目，它是第17章案例研究的主题，是2016年SCONUL图书馆设计奖的获得者。Fairman和Hannaford（2010）以及Keene和Fairman（2011）描述了这一倡议发展的早期工作。联合使用图书馆面临的问题和挑战包括设施的设计、人员整合（Calvert, 2010）、材料和服务的获取，以及核心价值观和共同愿景的发展。Hansson（2006）指出了所涉及的复杂变革过程，包括处理机构和图书馆员的不同文化。

### 2.4.5 与社区合作

虽然学术型图书馆员的主要职责涉及其所在机构的工作人员、研究人员和学生，但他们也与所在的当地社区建立关系和合作关系。对于所有大学工作人员来说，或多或少都会存在公民意识（Barry, Lowe, & Trill, 2017）和公众参与的问题。作为大学社区参与倡议的一部分，学术图书馆可能会举办活动，组织学校及公众参观，为学校提供信息素养培训（Rowland, 2015），并试图将图书馆权益向社区用户推广。尽管为外部用户提供免费借阅等服务可能存在成本和缺点，但通常可以增加对图书馆和机构的好感，并增加这些用户为大学发展捐款的意愿（Dole & Hill, 2011, 2012）。由于许可协议的存在，社区用户对电子资源的访问可能会更困难（Sidorko & Young, 2011），尽管未授权访问的发展可以帮助缓解这一问题（SCONUL, 2013）。此外，还采取了一些举措，以提高个别学术型图书馆员的社区志愿服务程度（McLoughlin & Wilson, 2007）。

### 2.4.6 国家合作

Mark（2007）指出了国家（和国际）合作的好处，其支持共同的原因或追求共同的目标。在版权立法、期刊定价和开放获取等领域，在国家层面的倡导可能效力特别强大。在描述一个涉及三所澳大利亚大学图书馆开发职业地图工具包的项目时，Sparks、Saw和Davies（2014）强调了国家层面的合作如何整合和加强了整个部门的努力，尽管他们认识到参与机构之间的合作与竞争之间需要存在良好的平衡。

国家合作的关键参与者是学术图书馆的各种会员组织。它们的范围可以很广，旨在代表该领域不同类型的学术图书馆（例如英国的SCONUL和美国的ACRL），也可以限于大学图书馆（例如澳大利亚的CAUL），或者侧重于研究型图书馆（例如英国的RLUK和加拿大的CARL）。这些组织的工作很重要，范围很广，包括：

· 向政府和其他利益相关者倡导和代表学术图书馆。

· 促进学术图书馆的作用。

· 会议、活动和出版物，以帮助图书馆员在其机构内学习、创新和领导。

· 通过共享服务、分享知识和最佳实践等方式，帮助学术型图书馆员开展合作，更有效、更高效地提供服务。

· 制订和提供获取计划。

· 收集统计数据，以帮助制定基准和确定趋势，以及促进与国内和国际其他组织的合作。

在新西兰，8所大学图书馆组成的CONZUL，寻找到了一种共享存储方案，用于低使用率的纸质连载物（Renwick, 2013）。第15章提供了一个CONZUL在新西兰全国各地的研究机构中实施ORCID的案例研究。其他国家组织可以在学术图书馆服务的发展中发挥重要作用。在英国，Jisc和Jisc Collections的工作在学术图书馆数字服务的发展和电子资源的采购中发挥了重要作用（Joint, 2011）。同样在英国，多年来，与主要来自研究、资助、图书馆和出版商社区的利益相关者的团体合作，研究信息网络（RIN）（Jubb, 2007）在学术交流和开放获取的发展中发挥了重要作用。

也有许多非正式的国家合作的例子。Elder（2016）描述了一个围绕藏品管理的国家社区的发展，在这个社区中，专业人员可以建立网络，分享经验，交流良好实践。项目也可以帮助国家合作，例如开发一套广泛使用的数字扫盲教材（Secker & Madjarevic, 2012）。学术图书馆也参与了创新性的国家跨部门倡议。在苏格兰，创建了国家信息素养框架，最初将中等和高等教育联系起来，但随后扩展到包括初等教育、终身学习、工作场所和成人识字（Irving, 2011）。

### 2.4.7 国际合作

学术图书馆和图书馆员在国际图书馆组织中发挥着自己的作用，如欧洲研究图书馆协会（LIBER）（Ayris, 2011）和研究型图书馆中心（CRL）（Reilly, 2013）。CRL创建于印刷资源时代，并扩大了其作为集中聚合器的作用，以涵盖合作活动中信息交换和访问的新范式，如馆藏建设、数字化、授权和维护等。作为联盟成员的学术图书馆也参与了国际图书馆联盟（ICOLC）的工作（Feather, 2015）。

通过对文献和探索性研究结果的分析，Smith（2016）强调了在图书馆员的培训和发展中不断创新的必要性，并展示了更广泛的国际对话和合作如何有助于实现这一目标。国际网络和联系可以促进知识和专业技能的交流，如卡迪夫大学伊拉斯谟员工发展计划（Haerkoenen, 2010）。瑞典林奈大学和美国科罗拉多大学丹佛分校在各自机构的国际化目标和文化能力要求的更大框架内合作建立了员工交流（Somerville, Cooper, Torhell, & Hashert, 2015）。参与者获得的见解有助于改变传统观念和专业假设。

国际联系还可以加强图书馆的其他服务和活动。例如，美国和加拿大的四家北美图书馆参与了一个研究平衡计分卡在图书馆绩效管理工作中的应用的项目（Mengel & Lewis, 2012），以及美国和英国的图书馆使用OCLC QuestionPoint软件提供全天候参考咨询服务的项目（McGlamery, 2009）。第19章考察了OCLC作为国际范围内学术图书馆合作的一个范例。

# 第 3 章

# 驯服“九头蛇”：高校图书馆有效咨询与合作的必要性

艾尔德温·库珀

伦敦摄政大学副校长兼首席执行官，英国伦敦

参与过国际重大问题谈判的谈判者会告诉你，谈判过程远比表面上看起来复杂。这不是简单的双方开会制定解决方案，就像希腊神话中的“九头蛇”一样，头绪众多。

在任何谈判中，自然会在核心部分有一个首要的问题。这就是所谓的“跨桌谈判”。然而，任何一个谈判者都非常清楚，并不是某一方的所有人对什么是正确的结果持有相同的观点。在和平谈判中，或许会在军事、政治、社会或所代表的信仰之间存在截然相反的观点，而一个成功的谈判者首先必须要平衡这些观点，即所谓“谈判桌上的谈判”。通常情况下，一个群体中有很多人或团体也会有不同的观点，这些观点需要被调和，也即“幕后的谈判”。最后，谈判者会有自己的想法，关于什么是公正的、道德正确的、一致的、可行的和可持续向前推进的路径，这就是“头脑中的谈判”。必须记住，并非所有的群体都是相互排斥的。

同时，提出的解决方案必须在任何时期存在的各种环境和氛围中都是可接受的，最好考虑到可能的未来发展。

对我来说，提供最好的知识产品和服务是目前大学面临的最重要的问题之一。大学面临着削减成本、减少专业图书馆人员以及从纸质材料转向数字获取和缩小课程范围的压力。许多机构仍在努力规划未来的道路。

我不想盲目地用谈判来类比，但我相信，在为学术图书馆服务制订最有效的解决方案的过程中，有许多相似之处。

作为一所大学的副校长，我认为我的职责是找到一个解决方案，在我自己的学校里，在一个明确的高等教育体系内，在一个日益全球化的环境中，平衡所有利益相关者的竞争愿望、利益和要求。

任何成功谈判的关键是倾听并努力充分理解各方的观点，以及他们用来得出结论的基本原理。

就图书馆服务而言，从最充分的意义上讲，我建议“桌子对面的各方”包括学术人员、学生、导师、研究人员，可能还包括该机构所在的社区、它所培养的学术合作伙伴，很可能还包括该机构运作的各个领域的雇主。

在我看来，在上述过程中，学生处于核心位置，研究人员、学术人员和导师紧随其后。学生排在第一位，不仅因为他们应该是知识产品和服务的最主要用户，还因为他们将成为未来的学者和关键研究人员。

学习方式有许多，而学生们越来越希望获得迄今为止他们无法获得的灵活性和支持。他们往往在开发技术方面更有能力，并意识到它们提供的潜力。可能的情况是，不同的群体并没有完全意识到满足他们所有需求的成本或管理的复杂性。我们需要理性地管理期望。然而，忽视他们的声音对我们来说也很危险。

还有许多不同的观点可能会被摆上桌面，而代表们对其贡献的重要性的看法是不同的。他们包括：

- 学术领袖，包括项目主管和负责投资组合开发的人。
- 学术注册员。
- 学生服务负责人。
- 残疾管理人员。
- 开发和实施教学、学习和评估策略的负责人。
- 专业知识人员。
- 专业学习技术和IT人员。

· 大数据/数据分析团队。

· 财务人员。

· 营销和招生团队。

· 供应商。

至关重要的是，所有这些利益相关者的意见都应得到考虑，并尽可能被加以协调。

还有一些人坐在“桌子后面”，表现得有点超然。然而，他们的观点往往决定了机构必须采取的方向。尽管从理论上讲，高等教育提供者是自主主体，但它们所处的监管环境正变得越来越规范。为维持学位授予权所规定的要求正变得越来越苛刻。作为英国卓越教学框架的一部分，学生满意度通常会受到知识服务提供的影响。

每一位副校长都会对如何在现在和未来提供最好的学术资源有自己的看法。这将取决于他们自己的背景、经历和信仰。它将以机构战略为指导，在其发展过程中，他们将发挥重要作用，并对其实施负有责任。对我来说，从最广泛的意义上讲，提供一个完全有效和最佳的学术信息结构是大学的核心。副校长的角色是充当所有合法利益相关者之间的调解人。

大学致力于高效运营，为学生和其他投资者提供物有所值的服务，尤其是在面临政府各方面支出压力的情况下。尽管在题为《效率、有效性和物有所值》的年度报告中（Universities UK, 2015）只是简单地提到了图书馆的供应，但它强调了机构之间在所有事情上合作的重要性。进一步的外部合作不应局限于其他大学，而应包括学校、继续教育学院、地方当局和雇主。这对所有人都有好处。

九头蛇有许多负责人需要参与提供知识服务，他们的观点和优先事项往往非常不同。副校长的职责不是砍掉这些人的脑袋让他们闭嘴。正如赫拉克勒斯发现的那样，这只会制造更多的问题。任务是确保他们都专注于同一个方向，以确保最佳的供应。

第 4 章

# 通过协作实现制度转型

菲奥娜·帕森斯

伍尔弗汉普顿大学，英国伍尔弗汉普顿

## 4.1 引论

采用协作或伙伴关系方法的益处已得到广泛认可。“平等挑战”小组（Equality Challenge Unit, 2017）最近发表的一份报告将协作确定为促进平等和多样性的干预措施，以及流程和政策中最成功的一个共同主题。在伍尔弗汉普顿大学，我们已经认识到跨越传统“服务”和“学术”边界合作的重要性，以实现战略利益。促进这种合作的一个工具是大学的数字化校园项目。

## 4.2 数字化校园转型项目

数字化校园项目旨在建成一个没有围墙的互联校园，无论何时和以何种方式都可以访问。数字化校园是一项转型计划，通过人员、流程、系统和信息通信技术基础设施之间的协同作用实现变革。数字化校园的愿景是通过一系列的计划来实现的，这些计划需要不同部门、教职员、学生，以及学术、信息科技、图书馆和专业服务之间的合作。该计划的目标是重新明确大学此前在支持学习和教学的技术方面的领导者地位（图4–1）。

该计划的目的是营造一个环境，让所有用户都能访问与他们相关的信息和数据——这是图书馆员的一个核心原则——可以从任何地点、任何时间、通过各种各样的替代手段访问。大学已经投资于数字技术，以提高效率，认识到在物理和数字之间取得平衡的重要性。

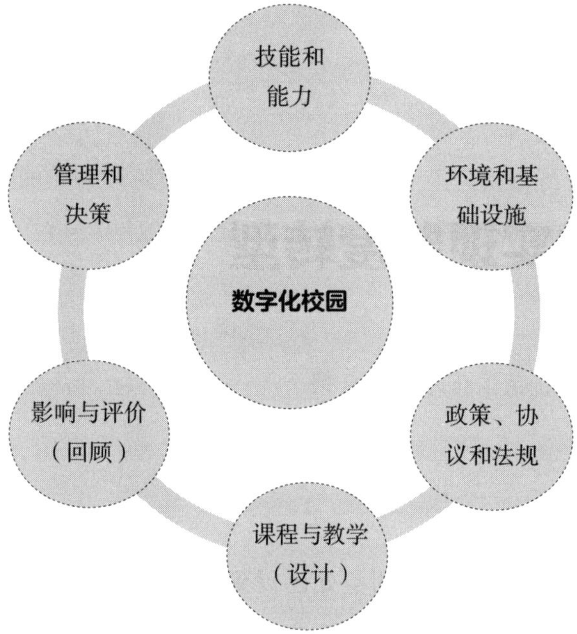


**图4-1 数字校园转型方案**

包容和有效的学习和教学是伍尔弗汉普顿大学引以为傲的。其学习和教学策略基于采用包容性课程（Grace & Gravestock, 2008）。大量的努力是为了使大学能够促进有效的学习和教学。许多规模大小不等的倡议都是为了实现这一目标而建立的。数字校园计划的不同之处在于，它基于一套协作原则。该计划对我们管理的文化、服务和基础设施产生了重大影响。它对大学战略至关重要，也是“我们的愿景：你的机会”投资计划的关键一环。

该计划的基础阶段包括五个项目：数字平台（更新大学的存储环境并引入新功能）；学生门户；泛在性应用（引入应用虚拟化服务）；商业智能；以及一个名为Canvas的全新虚拟学习环境（Virtual Learning Environment, VLE）。

第一阶段将建设一个新的数字图书馆平台。这些项目的交付团队大部分（但并非全部）来自学术支持理事会。然而，这些项目的成功源于跨大学的承诺和合作。该项目有一个指导小组，每个项目都有自己的项目委员会来管理项目。项目按照PRINCE2原则进行管理。然而，相当大的灵活性和敏捷性对于管理成功的结果至关重要，PRINCE2提供了一个框架而不是蓝图。

我自己在这一倡议中的作用是领导和综合。作为数字化校园转型项目的主管和学术支持的主管，我的下一个挑战是组建团队来交付项目。

学术支援司，即DAS，包括图书馆和信息科技部门，以及学习与教学学院。在成功推行数字化校园计划方面发挥最大作用的三个部门，在功能上被组织为一个单一的行政单位。我并不是说这种融合是成功的必要条件，但对于这样一个复杂的项目来说，它肯定是一个有益的基础。然而，正如所概述的那样，成功的最关键因素是在整个大学内发展强大的协作工作关系，无论专业或学术背景如何。因此，在发挥领导力的过程中，我的重点是创造一种环境，让有效的团队得以建立和蓬勃发展。

## 4.3 关于Canvas

Canvas这一虚拟学习环境项目最有效地说明了努力合作的必要性，以及依赖于有效合作的风险和收益。该项目的背景是，伍尔弗汉普顿大学是英国第一个引入虚拟学习环境的大学之一。VLE也就是之前人们所知的WOLF，于20世纪90年代初首次实施，此后一直在大学中使用。VLE对学校学术生活的渗透是深刻的。WOLF在课程中几乎普遍采用了技术增强型教学（TEL）。它还被用作各种管理功能的准文档存储解决方案，包括质量保证、模块指导、咨询和英语语言支持等。图书馆服务很好地嵌入WOLF中，图书馆员在十多年的时间里努力工作，以达到这种程度的集成。这个软件是由一个小的、高度敬业的团队来维护和引导的，这个团队受到学术界的尊重。哈佛大学为自己的产品感到骄傲，为自己的独特性感到骄傲，同时也害怕改变。

因此，第一阶段是在大学里展开对话，讨论摆脱备受喜爱的WOLF的好处和挑战。为整个数字化校园计划成立了一个学术参考小组。在项目启动和实施的整个阶段，该小组定期会面，但并不频繁。参考小组由一名学者领导，由学术人员组成，DAS工作人员出席，这是一个探索教学目标的机会，同时也提供了一个讨论恐惧、风险和风险缓解的论坛。对学习机会的关注，以及“教学第一”的驱动因素，在整个项目阶段都得到了保持。当我们谈到采购时，评估团队的大多数是学术人员和学生，少数是技术人员。入围公司被要求支持一个为期两周的沙盘阶段，届时评估团队将自主行动。对于这一阶段的评估凸显了这种方法的团队建设性质。团队情谊是在得分矩阵上发展起来的。

在我看来，一个成功项目的基础早在软件解决方案被评估之前就已经建立起来了，包括熟练和敬业的员工，（至关重要的是）正确的态度，采用协作的方式，这延伸到与供应商的关系。

从一开始，人们就清楚地认识到，这是一个教育学项目，其中有效学习和教学的发展是通过对技术的投资来实现的，而不是一个技术主导的项目。项目组得到了学术界同事的信任。它包括那些负责WOLF的员工，因此学术人员感到他们得到妥善照顾，并且项目团队对教育软件略知一二。由德高望重的院长领导的学习与教学学院的成立是提供教学领导的关键因素。学院发挥了重要的领导作用：与学术界一起确定项目的范围、目的和目标。

在负责交付项目的团队中建立信任和信心的另一个关键因素是项目管理办公室（PMO）的成立，特别是任命前学生会副主席为PMO中的支持角色。她在学术界被广泛认为是一个强烈倡导变革的人。

管理成为一个比我一开始预期的更重要的问题。大学习惯于在委员会结构下工作。PRINCE2假定一个项目委员会或规划委员会已经成立，并被赋予决策权。在实践中，责任往往由个人承担，而不是由委员会或董事会承担。我在大学委员会、项目和规划委员会以及有影响力的人士之间的沟通中发挥了至关重要的作用。我们很容易低估引导这个项目所需的时间和技能。数字化校园项目过去是（现在仍然是）一个“转型”项目，旨在培养不同的工作方式。该计划在早期就挑战了大学的管理安排。我认为，对于大学环境中复杂、相互依存的活动项目，什么是最有效的管理安排，这个问题没有“一个正确的答案”。然而，我将在未来更加注意检验我对现有管理结构及其吸收新的和复杂活动的能力的假设。

由于大学内缺乏项目管理专业知识，对于不习惯在项目文化中工作的团队来说，学习曲线相当陡峭。该项目提供了一个极好的行动学习环境，但在项目交付的同时，试图学习和磨炼新技能是具有挑战性的。结果之一是，现在正在通过大学的组织发展部为所有员工投资项目管理工具和技术，以创造大学的能力。利用外部承包商来补充稀缺资源是一种短期的需要。这有时会引起紧张和混乱，特别是因为项目经理的角色一度由承包商填补。虽然合同项目经理无疑是非常有经验和高效的专业人士，但我认为，处理管理环境的复杂性和保持对教学目标的关注是由机构项目经理最有效地完成的。对于大型和复杂的项目，一个有足够时间来管理项目的专职项目经理是至关重要的。

## 4.4 文化变革

任何复杂的工作都包含一个发展轨迹，或旅程。反思我在承接这件作品中学到的东西让我想起了斯蒂芬・柯维的书《高效能人士的7个习惯》（Covey, 1989）中概述的阶段。虽然这是一本关于自我发现和自我发展的书，但我可以看到与有效合作发展的相似之处。柯维创造了“富足心态”或“富足心态”的概念，指的是一个人相信自己有足够的资源和成功可以与他人分享。他将其与“稀缺心态”（即破坏性和不必要的竞争）进行了对比，后者的基础是，如果一个人或一个群体在某种情况下取得了成功，必然会有一个失败者或失败者群体。在稀缺性思维中，各方都经历成功的选项不被考虑。拥有富足心态的人能够庆祝他人的成功，而不是感到受到威胁，也不会认同“零和游戏”的概念。

从本质上讲，所有的文化变革项目都是在“一切照旧”的领域寻求改变或过渡。这需要处于管理或领导角色的同事的持续关注，但很容易低估所需的关注程度。本书生动地强调了机构应对困难问题的准备和个人接受挑战的准备。这可能会让人不舒服。我概述了信任是成功合作的关键因素。我认为，这不仅适用于那些直接参与合作活动的人，也适用于他们工作的环境。合作包括妥协、挑战和勇气。这些行为在个人得到支持和信任的环境中蓬勃发展。

根据我的经验，不仅是这个项目，还有广泛的合作活动，我已经制定了我自己的成功合作的“要素”清单。这些是先决条件和个人属性的混合。它

们与理查德 · 帕森斯和其他人为SCONUL制订的清单非常吻合（Parsons, 2016）（表4–1）。

### 4.4.1 机会

为了让合作发生，机会必须出现。这可能是一个挑战，一个需要解决的问题，或者一个需要处理的新倡议。解决方案或方法的初始范围可能包括对合作机会的考虑。在高等教育图书馆社区中，战略规划通常会认识到合作方法所提供的机会。例如，应对技术的挑战和机器可读编目提供的机会导致了许多合作编目企业，如OCLC，以及英国的BLCMP和SWALCAP，举两个例子。这些早期的合作仍然是当前图书馆系统领域的重要特征。

**表4–1 协作要素**

| 要素 | 条件 | 属性 |
| --- | --- | --- |
| 机会 | √ | |
| 共同的压力 | √ | |
| 解决（共同）问题的意愿 | | √ |
| 共同的愿景和价值观 | √ | √ |
| 承诺 | √ | √ |
| 共同的目标 | √ | |
| 信任 | √ | √ |
| 问责制（管理其他人并负责任） | √ | √ |
| 谈判（政治层面） | | √ |
| 韧性（过程层面，个人层面） | √ | √ |
| 专业知识 | √ | |
| 灵活性 | √ | √ |
| 尊重差异 | √ | √ |
| 勇气 | | √ |

### 4.4.2 共同的压力/解决（共同）问题的愿望

当个人和组织面临共同的压力时，协作就会产生。这通常是一个预先存在的特征，它导致了伙伴关系的建立，无论是寻求抵抗压力还是回应压力。

共同问题的存在伴随着共同的压力。协作可以产生于对合作伙伴共同经历的问题作出反应或解决问题的愿望。组织内部的合作通常遵循这条道路。预算压力催生了一些最基本的合作形式，比如共享采购联盟。一个合作多年的联盟的存在，例如采购联盟，可以促进其他合作形式的发展。承诺、信任和共同目标的条件已经在联合体中建立起来了。当机会出现时，联盟可以成为新形式合作的跳板。

### 4.4.3 共同的愿景和价值观

在设想合作伙伴关系时，它通常不会在需要探索的明确因素列表中名列前茅，但一套共同和商定的价值观是合作的重要先决条件，无论是在获得初始阶段还是开展合作并维持合作阶段。建立合作具有挑战性，维持合作也同样困难。经常会出现威胁到合作关系的压力。这些压力可能来自任何方面：财政、政治、技术和社会。为了在风暴中“守住中心”，伙伴关系需要有一套共同的价值观和原则。如果没有这些，随着时间的推移，自然产生的压力将凸显分歧，而这些分歧将导致伙伴关系松动甚至解体。图书馆员共有的核心价值观已经被广泛地论述过。值得注意的是，迈克尔·戈尔曼的书《我们持久的价值观》（Gorman, 2000）的论点不仅是图书馆员有共同的价值观，这些价值观跨越时间和地理界限是可持续的，而且它们在数字时代仍然具有相关性。

共同的愿景是一个更明显的先决条件。讨论合作的目标，建立期望的结果和产出，往往是新兴伙伴关系的早期重点。因此，不用说，拥有共同的愿景，而不是由一个或多个合作伙伴强加给其他合作伙伴，是成功的合作伙伴关系的一个重要方面。在没有一套共同的价值观的情况下达成共同的愿景是可能的，但要困难得多。图书馆员可以假设——有理由认为——其他图书馆员和他们有共同的价值观。将这一点视为既定的，就意味着图书馆的合作伙伴关系可以迅速地就期望的结果和产出达成一致。有些伙伴关系需要更长的时间才能达到这一点，因为共同愿景的制定还必须考虑到就基础价值观达成一致的需要。罗伯特 · 达恩顿（Darnton, 2009）在他关于谷歌图书项目的文章中，从哈佛图书馆在该项目中所扮演的角色的角度出发，将其描述为“可能导致世界上最大图书馆的提议”，同时也发出了一个警告，提醒人们需要保持私人利益和公共利益的平衡。

#### 4.4.4 承诺

在合作中，个人的贡献和承诺与合作努力的成功有着密切的关系。成功的合作和伙伴关系往往发生并维持在个人表现出承诺的地方。承诺可以被记录下来，例如，在合作备忘录中，这样对于各方来说都清晰和透明。当个人离开时，这可以维持伙伴关系。

#### 4.4.5 共同的目标

共同目标是围绕愿景达成一致的表现。它们通常比商定的产出或特定伙伴关系的结果更为广泛。与共同的价值观相一致，建立具有相似目标的伙伴关系更有可能迅速建立并容易维持。英国大学图书馆与Jisc Collections之间的合作关系是具有明确共同目标的伙伴关系的一个例证。Jisc Collections是Jisc的谈判和许可服务，支持英国高等教育和研究机构的数字内容采购。Jisc Collections作为共享服务运作，支持与高等教育图书馆部门共享的目标，例如：

· 节省图书馆员的时间和金钱。

· 为学术研究、教学和学习选择高质量的电子资源。

· 获得最佳定价和许可，物有所值。

· 研究创新资源、许可模式和评估工具。

· 分享有关电子资源获取和研究的知识。

#### 4.4.6 信任

信任，一个简短的词，却是一个强有力的词。这就是我所说的“大”属性，其他所有属性都从属于它。根据我的经验，缺乏信任迟早会以某种形式表现出来，并威胁到伙伴关系。信任的存在可以确保伙伴关系在重大冲击中幸存下来。信任是建立起来的，而上述特征（承诺、共同愿景和价值观）是信任出现和建立的重要基石。在当代社会中，信任是社会资本的一个非常重要且被广泛讨论的方面。对于图书馆员来说，信任是他们所信奉的价值观和所提供服务的核心。通过图书馆，可以访问可信的内容。

Deloitte（2016）在其关于组织设计的报告中认为，通过团队和团队网络之间的协同工作成功开发共享服务是现代工作环境的一个方面。

我已经概述了项目团队和学术同僚之间的信任关系在伍尔弗汉普顿的Canvas（VLE）项目成功中的作用。同样重要的是伍尔弗汉普顿大学和Canvas项目供应商（Instructure）之间的信任关系。Instructure的企业精神允许在公司内部和伍尔弗汉普顿大学内部自然发展出一个团队“网络”。合作、共享成功、参加彼此的项目团队和董事会会议、共享培训机会，这些都是这个扩展网络的作用。

采用技术作为推动者是这种关系的另一个共同特征。基础设施是一家技术公司，擅长利用协作技术进行交流和知识共享。他们也将促进有效学习和教学的目标置于工作的中心。这与数字化校园计划的总体目标，特别是VLE项目的目标完全一致。共同的愿景和价值观以及共同的目标支持了一种信任关系，从而实现了有效的合作。这反过来又促成了一个成功的项目。

### 4.4.7 问责制（管理其他人并负责任）

问责的属性与信任密切相关，是成功的伙伴关系的一个特征，无论大小。让合伙人承担责任，并愿意承担责任，是成功团队的显著特征。营造一个负责任的环境，既稳健、透明，又不受指责，这是一个关键的领导特质。在伙伴关系或合作中，任何一方不愿承担责任，或不愿参与追究他人责任，都会让人对其可信度产生怀疑。由于信任是协作努力成功的关键因素，缺乏问责制会导致缺乏信任，这是一种破坏稳定的影响。

### 4.4.8 谈判（政治层面）

这是维系伙伴关系必不可少的技能。在合作中对这种技能的需求有两个方面。一方面是在共同的愿景和价值观、共同的目标以及问责制的基础上建立信任。另一方面是需要代表合伙企业进行谈判。所有的合伙企业都需要有效的领导，而有效领导的一个因素就是有谈判能力。成功的谈判反过来又依赖于发现机会的能力，以及识别共同的压力或问题以及共同的愿景和目标的能力。

### 4.4.9 韧性（过程层面、个人层面）

韧性有两个不同的方面：一方面是社会和个人的，而另一方面是系统和程序的。情绪韧性——当事情出错时适应和重整旗鼓的能力——是一项宝贵的生活技能和领导技能。同样重要的是过程中的韧性，例如，规划和决策框架，项目经营和管理。伍尔弗汉普顿大学的Canvas （VLE）项目经历了许多挫折。其中包括人员的意外变化，大学财务规则的意外变化，以及关键（对项目来说）大学委员会的不可预见的变化。这些变化的巧合给项目带来了一个非常棘手的环境。项目团队成员的情绪韧性以及项目经营和管理安排都受到了动摇。对我来说，要反思的一点是理解韧性的重要性——无论是在个人方面还是在过程方面——对于有效的伙伴关系工作来说。

### 4.4.10 专业知识

合作的成功取决于专业知识的及时注入。伙伴关系的有效领导依赖于对专业知识所在以及何时利用专业知识的了解。这背后是建立网络和激活网络的能力。加入伙伴关系的个人和组织有时会把自己的专业知识带到谈判桌上。例如，Jisc Collections是一个专家组织，它对学术出版市场有专业的、详细的了解。思想领导力的维度也很重要。伙伴关系或合作可以开辟新天地，为共同问题找到创新的解决方案。在这种情况下，专业知识是必要条件，但仅凭专业知识并不是创新的基础。愿意挑战传统思维，接受新的观点，并以专业知识为基础，这些都是思想领导力的特征。

### 4.4.11 灵活性

生活中并不是每件事都按照计划进行，即使是那些考虑了环境因素、评估了风险、为意外事件留出了空间的周密计划。意想不到和无法预见的事情经常会出现。一句经常被引用的格言是："重要的不是生活抛给你什么，而是你如何处理它。"如前所述，伍尔弗汉普顿的Canvas项目受到了许多意想不到的事件的影响。迅速而果断地应对不断变化的环境的能力，是有效领导的一个方面。在领导者控制自己的资源的情况下，很难做到这一点。在合作关系中，灵活性更难实现，但如果合作关系要维持下去，灵活性同样重要。有时候，适当的反应是改变合作的性质，让一个或多个合作伙伴退出，或者完全停止合作。

#### 4.4.12 尊重差异

多样性使我们更强大。有效伙伴关系的一个方面，也是合作基于的一个价值观，就是相信将不同的观点、经验和专业知识结合在一起，有助于加强合作。这是一种价值判断。虽然多样性的原则可以建立在合作的结构和管理中，但尊重差异是一个个人问题。多元化领导与成功组织之间的联系已被广泛探讨。2016年，艺术委员会强调了创造力、领导力和多样性之间的相关性（Arts Council England, 2016）。

#### 4.4.13 勇气

勇气也许是最个人的特质。我已经注意到个人贡献、个人承诺与合作努力的成功之间的关系。人们有一种看法、信仰和信念，认为合作是正确的做法。当机会、共同的压力、解决共同问题的愿望等关键因素存在时，合作不会自动产生。有一种强烈的个人行为因素驱使人们首先想要建立伙伴关系，并使合作不断深化。环境会发生变化：风险会增加，赌注越来越大，在逆境中坚持下去需要个人的信念和勇气。

## 4.5 结论

当我制作我的这张“成分”清单时，我是从一般看向个人的。有效伙伴关系的一般条件取决于外部环境，包括机遇、共同的压力和问题。然而，关于最有效的伙伴关系，有一点值得注意，那就是它们依赖于人。当拥有共同价值观、愿景和目标的人之间存在信任，同时尊重和重视背景、专业知识和前景的差异时，伙伴关系就会茁壮成长。这些是个人性格的各个面，就和学到的技巧一样。

有效的组织领导力发生在团队跨界合作，以实现超出这些团队单独实现的结果时。

（Yip, Ernst, & Campbell, 2011）

最近的一篇博客文章（Ashley, 2016）赞扬了在一个机构必须越来越多地展示其研究成果的价值和影响的环境中，研究人员合作工作的优点。它指出，无论是跨机构合作还是与行业合作伙伴的合作，不仅提高了研究人员和机构的知名度，而且表明那些拥有更多合作伙伴和更多样化合作的机构拥有更高的被引率，可以获得更多样化的资金流。

我认为，与学术环境中的许多其他角色相比，图书馆员在合作方面的工作经验更丰富，无论是区域性的、全国性的还是功能性的。在地区和国家背景下进行协作的习惯和技能，对于学术图书馆馆长来说都是必要的。鉴于高等教育领域成功合作的必要性和挑战，图书馆馆长在为其所在机构的成功创造条件方面可以发挥重要作用。

# 第 5 章

# 距离的暴政：澳大利亚圣母大学的实践共同体

斯蒂芬·麦克维，索菲·法拉

澳大利亚圣母大学，澳大利亚西澳大利亚州弗里曼特尔

## 5.1 描述

### 5.1.1 我们是谁，为什么这很重要？

按照澳大利亚的标准，澳大利亚圣母大学是一所规模较小的大学，招收了大约10000名全日制学生。我们将自己描述为“一所独特的国立天主教大学”，它既包含了“现代澳大利亚大学的传统，也包含了天主教大学的古老传统”。该大学专注于提供“优秀”的本科教育，重点是培养学生进入专业领域。我们分布在全国各地，包括城市和农村校区，大部分学生分布在布鲁姆、弗里曼特尔和悉尼校区。

### 5.1.2 这所大学的性质是什么？它的使命要求合作吗？

该大学的使命和实践的核心是天主教的教牧关怀概念。这个概念是基于对每个人的尊严和独特性的尊重。对于学生和教职员工来说，这意味着鼓励和使个人能够发展自己独特的天赋和才能，实现他们与他人的相互联系，并寻求为共同利益服务。这些价值观是作为共同体成员积极参与的坚实而令人信服的使命，本身就是对我们合作的呼吁。

### 5.1.3 大学图书馆的目的是什么？协作如何成为大学图书馆身份的一部分？

图书馆以大学的理念和战略方向为指导，并制订了一项运营计划，该计划

解释了我们将如何以与该理念一致的方式参与这些战略。在制订这一运作计划时，我们表达了图书馆的总体目标如下：

与大学教职员和学生合作，积极发展和维护有用和方便的图书馆服务和馆藏，在概述计划的目标时，我们没有明确使用“合作”这个词。然而，“伙伴关系”“促进”“支持”和“共同体”等术语确实表达了我们合作的意图，并强调了合作对图书馆为大学使命所做贡献的重要性。可以合理地认为，学术图书馆计划中的目标并没有什么不同寻常之处，但我们的哲学基础和对合作的隐含授权是我们文化中重要而独特的方面。

### 5.1.4 我们是如何构建图书馆的？这带来了什么挑战和机遇？

大学图书馆由七个独立的图书馆和全国在线服务团队组成。我们各个图书馆的工作人员在两个全国团队中选择一个进行工作，但在当地受到监督。团队包括：图书馆服务，重点是前台馆藏服务；研究服务，重点聚焦教学活动、推进教学和研究人员间的伙伴关系和馆藏开发。

我们的各个图书馆使用单一的图书馆管理系统和发现服务以及公共电子资源池，这些都在我们的在线服务组合中进行全国管理。结构相对平坦，全国有四名主管向馆长汇报工作，与在线服务团队一样，图书馆员总部设在我们的弗里曼特尔校区。图书馆的整体管理和方向由大学图书馆员负责，他使用图书馆管理小组与前端主管一起制定方向并审查全国的绩效。虽然有两名管理人员在悉尼工作，但弗里曼特尔图书馆的主要职能正在整合，这往往会让布鲁姆和悉尼的工作人员感到与“权力中心”有点疏远。

然而，我们意识到，图书馆“生态系统”的健康运作需要我们在各个地点和投资组合之间的合作。因此，在我们管理、评估和重新设计我们的服务时，我们必须制定方案，鼓励我们的同事在全国范围内参与进来。公平地说，虽然这是一项正在进行的工作，而且很可能仍将是一项正在进行的工作，但我们有一系列核心信念，这些信念将确保对合作的持续承诺。我们相信：

· 集体解决问题是改善服务的最佳途径。

· 从事这项工作的人最适合设计这项工作。

· 人们对被信任参与解决问题反应良好。

· 每个人都可以领导。

### 5.1.5 我们的问题是什么？

对于一所相对较小的大学来说，我们有大量地理上分散的图书馆。我们的员工传统上以小组形式工作，并专注于他们工作的图书馆。这不仅会削弱对整个图书馆健康的意识和承诺，还会导致工作实践的分歧。

图书馆一直由图书馆管理小组管理，他们每月聚在一起决定运营和战略。虽然管理者代表了他们团队的利益，但员工感到被排除在决策之外。这种批评在较资深的员工中尤为明显，他们认为图书馆没有从他们的经验、知识和技能中受益。这些问题似乎并没有通过分发会议文件得到解决——人们希望直接参与到他们提供的服务的开发中。还很清楚的是，虽然基于位置的结构似乎在以印刷为中心的范式中起作用，但在网络范式中却不能有效地发挥作用。此外，经过反思，我们意识到，由于没有结构化的合作机会，有效工作实践的共享充其量只是临时的。我们得出的结论是，我们没有利用所有同事的技能、知识和热情。

### 5.1.6 我们是如何解决问题的？

为了寻求能够使我们在全国范围内进行合作的结构和机制，我们提出了实践共同体（CoP）的概念。Wenger、Mc Dermott和Snyder（2002, p.4）将共同体定义为一群人，他们“对一个话题有共同的关注、一组问题或一种激情，他们通过持续地互动加深了他们在这个领域的知识和专业知识”。

通常，这些互动侧重于通过接近专业知识的机会来提炼和表达共同的实践（Retna & Tee Ng, 2011）。人们发现共同体可以激励参与者学习，提高他们的工作效率，并作为一个群体团结一致（Nuttall, 2010; Roberts, 2006; Seaman, 2008; Storberg-Walker, 2008; Wenger et al., 2002）.

虽然最初被认为是自我形成和自主的，但对共同体好处的认识导致组织有意利用它们，通过知识共享实现特定的组织成果（Borzillo & Kaminsa-Labbé, 2011; Cox, 2005; Kazlauskas, 2014; Omidvar & Kislov, 2014; Roberts, 2006）。虽然这有时被概念化为管理从业者知识的过程（Chetty & Mearns, 2012），但我们最重要的目标不是挖掘知识，而是分享知识。从这个意义上说，我们对共同体的探索可能更适合描述为知识转移（knowledge transfer, KT）（Loyarte & Rivera, 2007; Macpherson & Antonacopoulou, 2013; Retna & Tee Ng, 2011; Yamklin & Igel, 2012），它倾向于更公开地关注一个业务领域的经验能够影响另一个领域的过程（Retna & Tee Ng, 2011）。共同体提供了实现这一重要目标的机会，因为它们有能力将隐性知识转化为显性知识，克服知识转移的障碍，并鼓励员工跨层次和孤岛协作（Hemmasi & Csanda, 2009; Iaquinto, Ison, & Faggian, 2011; Pastoors, 2007; Retna & Tee Ng, 2011; Zárraga–Oberty & De Saá–Perez, 2006）。

### 5.1.7 理论是如何转化为实践的?

虽然关于共同体有大量引人注目的研究，但我们认为，重要的是要利用集体反思、讨论和改进实践的愿望，而不是专注于理论。简而言之，工作人员知道什么是共同体或参与有关共同体形成的复杂争论似乎并不重要。确定我们的重点应该是为那些参与工作的人提供定期的、有组织的机会，通过合作来改善他们的工作实践，大学图书馆员决定建立一系列工作组，作为促进图书馆投资组合内服务发展的场所。

### 5.1.8 谨慎使用语言

在建立这些群体时，对用来描述它们的语言作出了一些明确而有意识的决定。最值得注意的是，这些小组没有被称为“委员会”或“团队”（这一术语已经在投资组合中使用），经理们被要求“召集”而不是“主持”小组，并保留“会议笔记”而不是“会议记录”。我们的语言是为了强调行动而不是过程（“工作组”这个词似乎抓住了协作行动的必要性）。小组的有效性将根据员工参与度、积极性和授权的增加以及实践中的改进来评估。

### 5.1.9 提供行动的范围和权限

虽然研究表明，执行层面的支持对于刻意部署实践共同体的成功至关重要（Borzillo & 2009; Corso, Giacobbe, & Martini, 2009），这些群体还需要领导层的分配（Retna & Tee Ng, 2011），自由（Borzillo, Schmitt, & Antino, 2012），

以及参与者之间的一种意识，即共同体反映了他们的利益，而不是管理议程（Corso et al., 2009; Garavan, Carbery, & Murphy, 2007, p.36）。为了建立这些条件，每个小组都有一个职权范围（ToR），明确了小组的义务、权力和预期产出。关键的一般性活动是协同进行的：

- 解决项目组合中的服务问题。
- 制定和实施战略，以提高全国投资组合的服务。
- 为整个图书馆的发展提出策略。

## 5.2 分析

### 5.2.1 轻触式管理与方向

关于实践共同体的理论往往相当强调领导力的重要性和领导者面临的挑战。虽然人们承认，如果领导者在促进团队方面积极和支持，他们可以促进有效的知识共享（Hemmasi & Csanda, 2009; Zboralski, 2009），令人生畏的是，这可能涉及必须通过“构造自发性”将实践的“片段”绘制成一个连贯的整体（Garavan et al., 2007）。此外，将来自组织不同层次的同事聚集在一起可能会抑制互动并限制共同体的有效性（Pemberton, Mavin, & Stalker, 2007）。然而，通过谨慎的领导，“实践共同体有可能提供一个从正式组织结构中明显的权力结构中解放出来的地方，为实验和创造力提供空间”（Roberts, 2006, p.628）。考虑到这一点，我们试图将管理人员的存在感保持在最低限度。这种轻触式的方法旨在通过让所有小组参与者参与对话和解决问题的过程，为讨论注入活力。

### 5.2.2 代表他人的观点

从后勤上讲，让所有工作人员都参加一个小组是不可能的，甚至也不切实际，因此需要有某种程度的同侪代表和信息共享。同样，校区之间的遥远距离意味着基于位置的团队仍然有必要在他们的位置会面并讨论服务。然而，重点是将国家凝聚力作为默认方法，只有在投资组合经理同意有实质性需要这种变化的情况下，才认可本地实践的变化。尽管如此，很难将工作人员的重点从当地转移到全国，而且有一种倾向，即默认回到当地的重点。

### 5.2.3 集团的结构是什么?

分组的建立是为了反映三个服务组合——在线、图书馆和研究——但很明显，这些分组存在一些结构性问题。最明显的是，研究技能工作小组（RSWG）有两个不同的重点——研究技能发展和馆藏开发——并且严重偏向前者而损害后者。相比之下，在线服务工作小组（OSWG）有一个明确的重点，然而，尽管其他小组成员和召集人真正努力将他们纳入小组的工作，但小组中两名图书馆服务工作人员会因小组内相对专业的技术对话而感到疏远。认识到确保在小组中花费的时间对参与者来说是值得的，我们将OSWG的成员改为在线服务团队的成员，并指导他们积极参与其他团队，包括邀请他们参加小组会议，讨论共同关注的问题。

考虑到小组的有效性，我们将RSWG分成两个小组，一个专注于馆藏开发，另一个专注于研究技能发展。这在RSWG成员中并不受欢迎，尽管他们承认这个小组没有生产力，但他们都想把重点放在研究技能的发展上。为此，我们在地域代表性和学科专业化的基础上平衡了成员，承诺在两个小组之间轮换成员，并试图继续说明图书馆"生态系统"有效馆藏发展的重要性。虽然理想的做法是让参与者专注于他们感兴趣并激励他们的工作，但也需要确保"生态系统"的各个方面都得到关注，并且需要在让每个人都参与对话和依靠同事的代表之间取得平衡。

### 5.2.4 当前的团队结构

根据我们的反思，我们的集团结构（及其目标）目前如下：

· 在线服务工作小组（OSWG）——通过关注元数据质量和发现服务配置等问题，不断改进对大学图书馆信息收藏的访问。

· 馆藏开发工作小组（CDWG）——不断改进我们信息收集的范围和有用性。

· 研究技能工作小组（RSWG）——无论是面对面还是在线，不断提高技能支持和指导的质量和数量。

· 图书馆服务工作小组（LSWG）——不断改进图书馆提供的服务，并提高馆藏服务的效率。

### 5.2.5 小组义务

小组接受图书馆管理小组的指导，并可向该小组提供建议。这些小组没有正式的代表团，但可以发起提案和项目的制订，这些提案和项目属于他们的ToR，并由图书馆运营计划“授权”。小组决策和互动由图书馆的小组决策模型和会议协议指导。小组被要求每年开会8次，但可以根据它们的具体职责、任务和计划确定这些会议的模式。为了确保小组目标的跟踪、管理和实现，以及小组工作的可见性，每个小组都向所有图书馆工作人员提供会议记录。小组成员应在小组审议中咨询并代表其兼职同事的意见。

### 5.2.6 如何使共同体成功?

Cox（2005）观察到，可以预期共同体内部会出现冲突。其他作者指出，召集人需要通过限制个人的主导地位来建立群体信任，但不能过度依赖强加的规则（Garavan et al., 2007; Hemmasi & Csanda, 2009; Loyarte & Rivera, 2007; Roberts, 2006）。我们在一个小组中发现，在工作方法和决策方法方面都有一些风格冲突。由于小组召集人并不是小组所有成员的直属经理，这一事实加剧了这种情况，这意味着无论是被动地还是主动地，似乎都有可能忽视或抵制方向。为了确保群体互动中的合理行为标准，并消除群体讨论中可能出现的“沉默否决”或“阿尔法优势”效应，该群体的一名成员提出了一份群体行为清单和正式决策模型。有趣的是，Pemberton等人（2007, pp.66–67）观察到，在召集人允许参与者“协商自己的规范并就自己的边界达成一致”的情况下，实践共同体更有可能茁壮成长。图书馆管理小组对这些文件进行了改进，使其与组织实践更加一致，然后要求所有工作组都遵守这些文件。在实践中，小组成员通常以专业和专注的方式驱逐自己，因此这些文件很少需要强制执行。

### 5.2.7 如何利用技术促进协作?

日益普及的信息和通信技术为我们的七个图书馆提供了一系列交流平台。然而，重要的是注意到沟通行为与合作之间存在的差距，沟通行为现在相对容易参与，而合作则更加复杂，难以发起、促进和实现。这所大学有视频会议设施，但需求很大。因此，为了参与对话，为建立信任和凝聚力提供必要的沟通线索（DeSanctis & Monge, 1998; Jarvenpaa & Leidner, 1999），我们在“黑板”学习管理系统中使用了协作服务。尽管是为同步语音对话而设计的，但我们的协作互动往往笨拙得令人沮丧，缺乏面对面互动的即时性，我们开始理解这种即时性对于培养团队繁荣所需的良好意愿至关重要（Hinds & Mortensen, 2005; Morgan, Paucar-Caceres, & Wright, 2014）。需要一个更轻便、更流畅的技术，我们很幸运，大学决定在其网络上为企业提供Skype语音通信。通过简单地增加降噪耳机和网络摄像头，员工可以在办公桌前参加Skype会议。虽然Skype也提供了一些有用的功能，比如共享桌面和应用程序，但这种被看到的简单行为对于参与者之间建立信任和进行更具包容性的讨论至关重要。

#### 5.2.8 科技为何不能满足我们的需求?

当然，Skype也有问题，包括图像质量不稳定，更重要的是延迟或屏幕冻结，这可能导致参与者中断会议转而相互谈论。然而，我们发现，如果参与者之间有善意的基础，这些小故障很容易克服；我们很快就了解到，举手等简单的策略可以使参与者有效地“排队”发表他们的贡献。有趣的是，参与者似乎普遍愿意采用这些非正式的“参与规则”，一旦被同事们树立起榜样，就没有方向。更具挑战性的是我们两个校区之间的时区差异，这种差异要求参与者提前计划，以便成功安排会议。使用微软Outlook进行沟通，使我们能够坚持所有员工在Outlook日历中保持完整的工作时间表，我们的声明“在Outlook中免费，意味着您可以自由地开会”，这使这些复杂的日程安排任务变得更加容易。

### 5.3 结论

决定建立一系列工作小组来改善大学图书馆的运作，是出于对合作美德的综合信念，对图书馆工作人员要求在决策中发挥更直接作用的务实回应，以及在我们的七个图书馆中团结工作的愿望。这些小组是利用实践社区的概念建立的，但在关于小组的讨论中，这一点被故意淡化，以利于关注实践和行动，而不是研究和理论。忠实于这种精神，我们观察了小组的运作，并利用“分析、反思和改进”的循环来回应小组有效性的问题，这些问题从过于宽泛的职权范围到小组成员之间的冲突。这些变化有些是由参与者推动的，有些是由管理层推动的。有些受到了欢迎，有些则遭到了抵制，这突显出将变革强加给这些群体，对保持参与者至关重要的参与度构成了挑战。

**所作的改变有何影响及意义？**

工作小组现在是图书馆运作的一个完善的方面。虽然每个小组都有不同的风格，反映了每个小组以及不同参与者的不同关注点，但会议的行为有明确的运营重点，有行动和创新的权力，以至于员工越来越多地认为与全国同事进行非正式合作是可能的，也可允许的，全国各地的同事经常选择Skype而不是电子邮件的异步通信。这似乎是一个小小的成就，但图书馆因树立了作为国家实体工作的基准而在整个大学获得了声誉。这种声誉既源于合作的愿望，也源于认识到不合作会加剧作为一个相对较小但高度分散的组织的一部分所固有的劣势。

将我们的工作划分为特定的重点小组，虽然有助于创建更明确的重点并鼓励小组内部的合作，但这意味着为了保持整个“生态系统”的健康，小组必须有时进行互动。我们最初试图在某些群体中使用交叉代表来做到这一点，但意识到来自自然选区以外的参与者往往会感到脱离对话，因此“引进”专业知识和技能来提高决策的速度和质量更为有效。这种发展一直缓慢，因为它要求个体在关注整个“生态系统”的健康的同时，平衡对自己角色的关注，这是可以理解的。有迹象表明，我们在这方面做得越来越好，尤其是因为一些明显的失败，没有在决策过程的早期找到合适的人，这些失败导致了范围不广、资源不足的项目继续进行，而参考另一个群体可能会使决策更加尖锐。

小组的紧密运作焦点往往限制了小组对整个图书馆进行更战略性思考的程度。我们曾希望这些小组去寻求拥护和影响整个图书馆的战略。然而，尽管ToR要求这些小组寻求影响图书馆管理小组，但这些小组似乎满足于在他们的职责范围内行动，协同微调实践并在他们的领域内清楚地管理项目。可能是为提供自主和创新自由而进行的工作已经足以允许这些团体承担迄今为止他们认为必要的工作。随着这种劳动成果的交付，这些小组可能会把他们的努力转向以其他更全面的战略方式改善图书馆。

# 第 6 章

# 融合服务中的协作：来自卡迪夫城市大学的案例研究

保罗·瑞利

卡迪夫城市大学，英国威尔士卡迪夫

## 6.1 引论

卡迪夫城市大学是一所中小型大学。它有两个校区，有约10200名学生和1200名员工。另有来自22个国家的22所合作机构中的9980名学生正为卡迪夫城市奖学习。卡迪夫城市的学术联盟在其教育和研究计划中制定了以实践为重点和专业认可的方向。课程（包括大量威尔士媒体课程）涉及艺术和设计、教育和公共服务、健康科学、商业和管理、体育和运动科学以及新的数字、数据和设计技术领域。2016年10月，Cara Aitchison教授加入我校担任校长和副校长，2017~2022年的新战略计划目前正在最后确定中。

本文写作期间，该大学分为五个学术学院，其中包括计划新成立的一个学院，这是学校新的战略计划的组成部分。副校长和副校长董事会（包括副校长、业务干事和四名副校长）承担起实现大学的愿景、使命和战略的责任。专业服务的责任由业务干事负责，并得到各服务主任，包括图书馆和信息服务主任的支持。

## 6.2 背景

目前，图书馆和信息服务（L&IS）由三个领域组成：图书馆服务、信息服务和业务改进服务。图书馆服务与信息服务于1995年合二为一，形成了L&IS体系。业务改进服务公司于2016年成立并并入L&IS。信息服务部门有54名员工，分为三个职能团队——企业信息服务、用户支持服务和基础设施服务。业务改进服务部有8名员工，提供项目和计划管理服务、业务分析，并管理与系统或流程相关的所有IT更改的变更请求流程。

自1995年以来，大学对学院和单位进行了几次重组，并关闭了两个校区。在每次更改期间，对L&IS进行了审查，并发现其适合此目的。这有几个原因，包括该单位的规模相对较大，该单位的活动与大学战略的明确联系，以及越来越依赖技术来提供物理和虚拟图书馆服务。正如Brophy（2005）所概述的那样，为了分析大学图书馆服务，需要了解其存在的背景。

新的战略计划包括专业服务如何成为大学成功的关键。为了确保大学及其员工和学生能够在日益复杂、商业化和竞争激烈的高等教育环境中取得成功，大学将对专业服务的结构和功能进行一些改造。本案例研究是在考虑重建时从图书馆和信息服务主任的角度撰写的。它将分析和反思图书馆工作人员在这种组织融合服务中的合作活动。重点是当前的情况和潜在的未来发展。

## 6.3 图书馆服务

图书馆服务部共有46名员工，自2006年或2007年，形成了新的组织架构。从那时起，技术对学习、教学、研究和基础设施的依赖和影响意味着结构需要更新，以便更好地应对机构的需求。2014~2015年，图书馆服务进行了重组，主要目标如下：

- 使职位描述现代化。
- 定义并实施更有效的业务流程。
- 提高支持研究的能力。
- 改善学术服务提供。
- 提高对图书馆服务的认识和使用，提高对学生体验的贡献。

重组的重点是图书馆服务，没有考虑到与L&IS的其他领域的关系。它没有增加成本，并建立了三个新的职能团队——学术服务、客户服务和技术服务。2015~2016年对重组进行了审查，发现目标已经实现。审查工作由图书馆服务主管牵头，通过小组、一对一会议和公开操作，向所有图书馆工作人员进行了广泛咨询和投入。审查的结论是，重组使角色更加明确，加强了监督和管理层面的能力，并提供了重新定位角色的机会，以支持研究和国际学生。

## 6.4 获益和挑战

在L&IS中，协作以许多不同的方式在许多不同的层次上进行。在管理方面，L&IS总监、图书馆服务主管、信息服务主管和业务改进服务主管组成L&IS执行层，这是L&IS的最高决策机构。该机构每周召开一次会议，负责制定战略并监控绩效。向L&IS执行官报告的是L&IS高级管理团队（SMT），该团队由整个服务的所有经理组成。最近，作为职业发展和继任规划工作的一部分，该团队得到了扩展。这更多的是一个信息共享论坛，但也有一些决策权。确保讨论的主题与所有相关人员相关，并且来自L&IS特定领域的某些问题不占主导地位，这可能是一个挑战。大型融合服务的好处是，通过L&IS执行层和SMT，为员工提供了一个在安全环境中与类似员工讨论问题的机会。

自2014年以来，L&IS一直是首席运营官投资组合的一部分。此前，它向财务总监和副校长（学生体验）汇报工作。重要的是，无论一项服务位于哪个结构中，它都有明确的目标和一个深思熟虑的计划，从而赋予它目的。图书馆服务主管职位是确保图书馆服务问题在L&IS层面和机构层面得到反映的关键。

L&IS的总预算分为三个部分。图书馆服务预算包括资源、许可证、定期工作人员费用和学习中心发展的一些资金。核心人员成本集中控制。融合服务的优势之一是，意外的预算问题可以跨领域平衡。这也可能是一个缺点，因为L&IS体量相对较大，若削减预算则会更容易消化。为了规划的目的，在L&IS层面上商定目标，然后每个领域制订年度行动计划。然后，团队计划从这些地方计划中衍生出来，员工个人绩效和审查会议与这些计划联系起来。这确保了公司目标通过L&IS传递到个人层面。

L&IS的一体化为服务模式提供支持，特别是为学生服务。在提供服务的四个关键领域中，融合服务中的协作受到了高度关注：学习中心、L&IS网站、学术联络以及项目管理。

每个校区都有一个学习中心，其中包括图书馆藏书、线上开放获取、各类群组和安静的学习空间。在每个学习中心，都有图书馆工作人员的信息点和技术支持台，信息系统工作人员提供建议和指导。从用户的角度来看，服务中不应该有可见的结构连接，也没有反馈表明流程出错。以这种方式工作的一个挑战是确保学生不会因为结构设置而不必要地被从一个工作人员推给另一个工作人员。这就要求学习中心的所有L&IS工作人员了解彼此的角色，并承担起尽可能多的解决学生问题的责任。至关重要的是，工作人员关注学生的需求，而不是组织结构。

助理图书馆员负责图书馆服务，IT顾问经理负责信息系统部分。在管理学习中心的全面责任方面存在一些问题，例如，在交流服务发展方面偶尔出现混乱。这个问题已经由图书馆服务部门承担全部责任，信息系统在学习中心的范围内来解决。最近，图书馆和信息系统工作人员共同努力延长周末开放时间，并翻新学习中心的一楼，证明了这一点。

图书馆工作人员和信息系统工作人员在收集用户反馈方面进行了大量合作。成立了一个学习中心行动小组并由L&IS成员组成，主席每年由图书馆员工和信息系统员工轮流担任。该小组使用了各种机制来收集反馈，如离职面谈、调查和使用数据分析（如PC登录）。以这种方式合作的好处是，可以更全面地了解学生的体验。通过这些反馈，我们发现有必要为在海外合作伙伴学习的学生加强L&IS服务。一个由图书馆服务和信息系统工作人员组成的任务完成小组成立了，他们制作了一系列名为Metflix的教学视频。该项目因其工作的协作性质和对学生体验的积极影响而获得了2013年卡迪夫城市大学年度团队奖。

正如 Priestner 和 Borg （2016） 所解释的那样，我们计划在这些传统的反馈收集方法的基础上引入用户体验和人种学技术。在每个学习中心计划试点项目，使用用户旅程绘图和观察等研究技术。用户旅程地图将用于查看用户在学习中心的行为，并建立空间偏好的图片以及识别任何问题。这将为服务创新或改进提供证据，并突出显示服务的聚合性质是否会产生问题，例如，学生被不必要地从一个帮助点推给另一个帮助点。

L&IS网站被称为“学习门户”，提供全面的在线L&IS服务，如电子图书馆、IT帮助、培训和学术技能。这是通过具有来自L&IS代表的Web工作组以协作的方式开发和管理的。这种协作方法将负责内容的工作人员（如学术图书馆员）与负责系统架构和支持的技术人员结合在一起。然而，学习中心的管理也存在类似的问题，即没有一个人负责L&IS网站，这导致了所有权问题和资源分配的挑战。

服务合作的第三个领域是学术联络。学术型图书馆员与每个学院都有联系，他们有责任了解他们学院的学习、教学和研究要求，以便为馆藏发展、信息素养和服务改进提供信息。这是一种长期的方法，也是学校所重视的方法。此外，学术技能专家与学校合作，将学术技能融入课程，从而融入主题。

信息系统最近引入了一个类似的模式，每个学院现在都有一个IT顾问来了解学校的IT需求。学术型图书馆员、学术型技能专家和IT顾问分享信息，并就学校的具体发展进行合作。这方面的一个例子是L&IS如何回应正式的调查结果，如全国学生调查（NSS）、研究生教学经验调查（PTES）和研究生研究经验调查（PRES）。学术型图书馆员和IT顾问将评估其特定学校的数据，并采取适当的行动。

为了响应大学的国际化议程，图书馆服务和IS都引入了负责为在校国际学生以及在海外合作组织学习的学生提供服务改进的角色。在所有的学术联络工作中，图书馆工作人员和IS工作人员与学校的工作存在重复的风险，但这可以通过持续的沟通和分担责任来减轻，例如参加学校委员会会议。

除了在融合服务中更传统的协作，图书馆服务还与L&IS的第三个领域，业务改进服务（BIS）进行协作。BIS为图书馆服务工作人员举办了商业分析技术讲习班，以及如何将其应用于各种过程，特别是与收购有关的过程。这种知识共享使流程得以简化，并使这些变化的好处得到衡量。BIS非常强调在任何项目获得批准之前收集需求并将业务案例整合在一起。BIS和图书馆服务部门合作制作了一个商业案例，成功地获得了开发机构存储库DSpace的资金。随后，BIS提供了项目管理框架，并为借调担任项目经理的图书馆服务工作人员提供了一名导师。

L&IS的所有三个领域一起工作并为图书馆服务带来好处，最明显的例子是取代图书馆管理系统（LMS）的项目。LMS项目按时、按预算地成功为卡迪夫城市大学构建了一个集成的新一代图书馆管理和搜索云平台——Ex Libris公司的Alma/Primo系统（后更名为MetSearch）。该项目的一个显著因素是外部环境，因为它是更广泛的威尔士高等教育图书馆论坛（WHELF）项目和管理的一部分（如本书第16章所述）。

从L&IS的角度来看，该项目采用并利用了BIS开发的项目管理框架。这方面的基调是由项目委员会成员确定的，他们充分发挥自己的作用，在需要时提供指导和适当的支持。项目团队有来自L&IS以及学术人员和学生代表。项目委员会和项目团队都非常重视沟通计划和学生在交付计划中的投入。这是项目成功的关键。

图书馆服务部门在与BIS合作中吸取的一个重要教训是，必须清楚地确定这样一个项目的好处，而不仅是关注产出。这意味着要评估项目前后的流程，以衡量任何的改进情况。在项目结束后，还将在商定的时间点对收益进行审查，以确保收益持续。

值得注意的是，图书馆服务人员在融合服务中表现出的技能和行为可以应用于与学校以及其他部门（如人力资源、财务、地产和教与学发展部门）的员工合作。

## 6.5 沟通

提供组织融合的服务在专业身份和员工对多个团队的归属感方面确实存在挑战。在L&IS中，有多种职业，如图书馆员、学术技能专家、IT人员和业务分析师。每个职业都有自己的职业道路、专业机构（如CILIP）和外部网络（如

SCONUL），这些都对技能和行为方面的预期产生影响。战略上的当务之急是确保在融合的服务结构中尊重所有这些专业，并确保员工不会在任何方面感到处于不利地位。

员工对他们的直属团队（如技术服务部门）有归属感，并对更广泛的领域（如图书馆服务）有归属感。然而，员工很难对L&IS这把"大伞"以及卡迪夫城市大学这样的大规模机构建立归属感。有些图书馆服务人员每天与其他IS和BIS人员一起工作，但如果工作不需要，他们可能永远不会遇到其他领域的人员。

为了评估这种情况，2015年一项研究收集了员工对L&IS内部沟通及团队理解方面的反馈。分析得出的结论是，员工希望获得更多关于其他团队的信息，并希望通过各种方式进行沟通。这催生了L&IS员工论坛，为员工提供了讨论L&IS各个项目以及非正式网络交流的机会。此外，还推出了一份定期的《L&IS时事通讯》，其中包括L&IS的专题报道和文章。这两项都要求员工愿意参与并分享信息。

调查反馈还要求使用在线协作技术。建立了一个项目来调查、试验和评估L&IS中企业社会网络工具的使用。这将包括向所有L&IS员工介绍SharePoint/Delve配置文件，试用Yammer和Office 365 Groups，以及鼓励使用Skype。关键的好处是改善L&IS内部的沟通和协作，这将通过重复调查来衡量。与这样的项目相关的几个风险是：员工不愿意通过在线档案分享信息，不同类型的沟通工具会让员工感到困惑，或是员工对在线协作也不适应。

为了降低风险，将有明确的沟通和指导，重点放在好处而不是技术上。在员工技能方面，L&IS将有机会实施Jisc数字能力框架（2017年），特别是关于沟通、协作和参与的部分以及关于数字身份和福祉的部分。挑战将是使在线协作变得有意义，其目的是通过结构化协作来实现这一目标，例如，团队讨论以及跨领域项目中的功能协作。

## 6.6 L&IS员工体验计划

这个沟通项目是催化剂，让人们更多地关注L&IS员工之间的合作机会，而不仅是直接提供服务或项目。因此，2016年成立了L&IS员工体验计划，旨在改善L&IS员工的体验，以巩固L&IS的良好表现。该计划的愿景是“创造一个激励和支持个人发挥其最大能力的环境，为L&IS的成功和绩效做出贡献”。该计划由四个领域的项目组成：培训、内部沟通、健康的工作环境以及职业发展。每个项目都有一个项目团队，由L& IS的代表组成，它将应对满足L& IS各领域需求的挑战，避免被稀释到与任何一个领域都无关。

培训项目的目的是培养员工能够投入并激励他人提高绩效。它将通过实施L&IS培训计划来实现这一目标，包括对所有L&IS员工强制介绍培训、为期4天的培训计划、认证机会以及建立培训网络。与培训相关的沟通技巧，如积极倾听和提出开放式问题，可以促进更有效的合作。

L&IS培训计划的所有方面都将涉及L&IS人员的混合。第一批学员对培训项目的反馈是积极的，他们可以与来自其他领域的员工会面，并与通常不会一起工作的员工建立培训关系。项目小结的一个好处是，员工交流会带来意想不到的副产品，而如果没有培训计划，它们是不会出现的。这将通过案例研究来证明。

职业发展项目旨在协助支持L&IS员工的抱负，并提供信息，使管理人员能够更有效地规划资源，以在其服务范围内发挥作用。它将通过一个四步框架来实现这一目标，该框架通过员工绩效和审查计划进行交付和审查。在解决框架与所有L&IS员工相关的挑战时，这意味着图书馆服务已经暴露于IS和BIS问题，反之亦然。这导致了审查和质疑，如果图书馆单独提供服务，就不会有这样的审查和质疑。

健康工作环境项目正在研究如何改善所有L&IS员工的工作环境。该项目正在研究如何创建更多功能的联合工作空间，例如协作小组工作空间、会议空间和安静的工作空间。

## 6.7 结论

新副校长的任命和新公司战略计划的制订导致了对专业服务运作方式的评估，并将导致一些重组。根据最初的计划草案和围绕结构的讨论，预计L&IS将保持原样，图书馆服务将作为融合服务的一部分。

L&IS需要与新的战略计划保持一致，并证明它如何能够根据计划交付。该计划包含被称为成功衡量标准的高级目标。L&IS将引入成功的服务措施，这将需要在设计和交付方面进行合作。

副校长已经明确表示，卡迪夫城市大学将是一个价值观驱动的组织。大学的价值观将有助于确定所创造的绩效文化的类型。L&IS的不同领域有可能就如何最好地嵌入价值观和相关行为进行合作。共同定义L&IS绩效文化将有助于提供更强大的服务。

# 第 7 章

# 谢菲尔德哈勒姆大学的超级计算中心

努厄拉·德芙琳

谢菲尔德哈勒姆大学，英国谢菲尔德

## 7.1 图书馆和学生支持服务：概述

2014年底，时任谢菲尔德哈勒姆大学副校长的Liz Barnes在对她的直接分管领域进行审查后，启动了一项变革进程。她引用了咨询报告中的一段话表示："这项变革旨在提供这样一种服务，即最大限度地减少响应学生需求所需的接触点，提供各种手段以支持和确保服务质量。"她还表示，"我们将要求工作人员集中办公，提供综合服务，并开始在他们正常的专业界限之外工作，创造新的工作方式，以最大限度地为学生带来利益。"这将使员工能够对大学和该部门的发展做出反应，并应对管理变化的挑战。它应该最大限度地提高资源的效率，促进改进与学院的合作。

为了实现这一愿景，在2014~2015年间，学生服务和学习与信息服务作为一个理事会，图书馆和学生支持服务合并在一起，将所有面向学生的服务结合在一起，以提供全面的服务。理事会体现了最初磋商的精神。虽然是一个很大的理事会，但结构经过精心设计，使专家能够专业化，同时从跨理事会工作的领域获得最大的杠杆作用。其影响是更加精简和加强了学生的体验。在这个阶段，新的管理结构已经到位，服务开发将在2016~2017年推出（图7–1）。

贯穿新结构的关键要素是：自助，赋予学生独立性和赋权；利用技术解放员工的时间，提高效率，并在需要时提供帮助。新结构和团队的发展是由现有团队内部和更广泛的员工的高水平参与形成的。

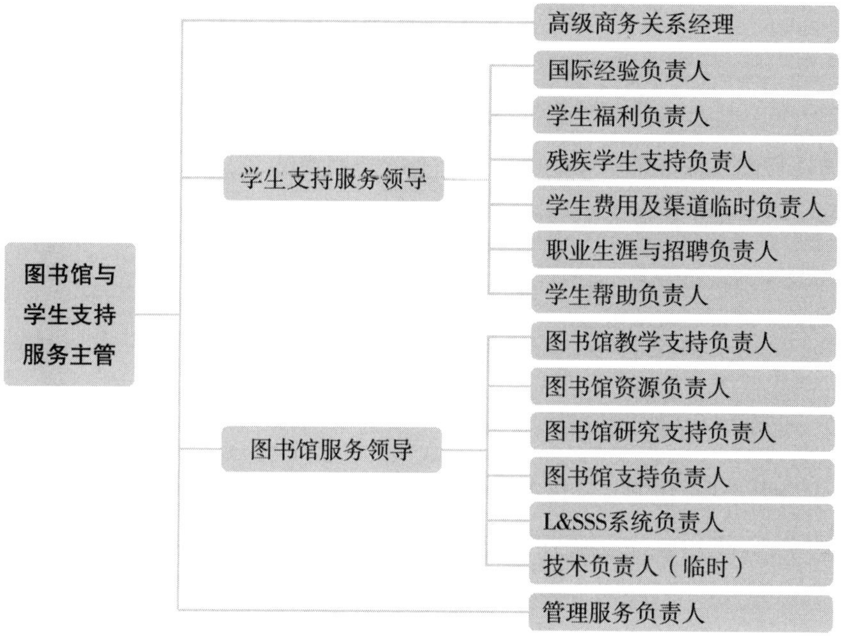


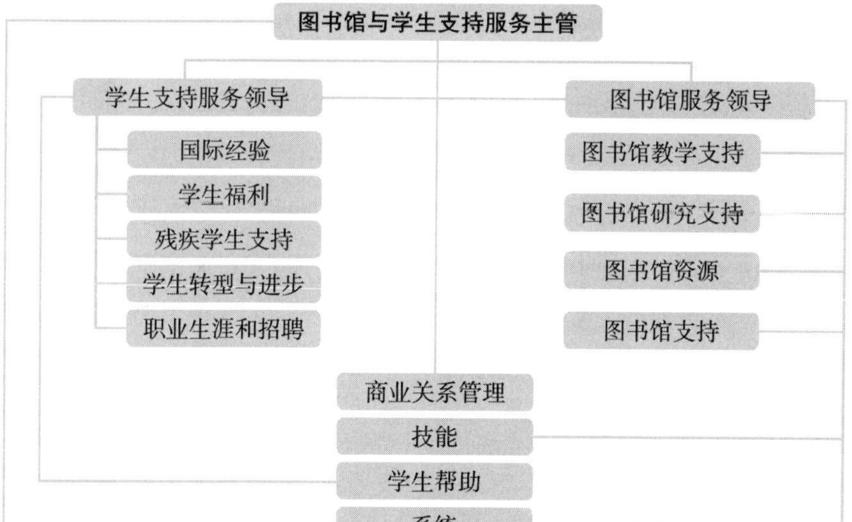


**图7-1　图书馆和学生支持服务：组织架构及职责**

在整个过程中与学院、学生会和其他关键利益相关者进行沟通。在咨询过程中，团队和个人收到了170多条反馈。这些建设性的贡献和大量的想法已被用于发展新的理事会和服务。设计新结构的主要原则是：

· 最大限度地减少服务接触点，最大限度地减少学生的反弹（即确保他们尽快得到他们需要的东西，而不是被不必要地传递）。

· 确保学生是服务的核心。

· 确保整体质量。

· 保持与学院的联系。

· 允许专家专门化。

· 增加问责制和提供服务。

新的管理结构的主要优势之一是跨部门团队。学院业务关系经理已被接受为学院学术委员会和关键学院小组的成员，确保所有图书馆和学生支持服务的高层战略范围。系统团队确保提供新工作方式所需的技术得到内部和外部服务提供商的支持。技能团队与所有图书馆和学生支持服务团队合作，正在制订成功框架，该框架将提供一系列技能发展，以全程支持合作学校的学生直至他们毕业。管理服务确保通过各种反馈方案与我们的利益相关者进行持续的对话，以支持计划，并正在发展我们的报告和质量措施。最后，该结构由学生帮助支持，提供全年全天候的虚拟支持，涵盖全方位的图书馆和学生支持服务。

理事会领导小组，由图书馆和学生支持服务总监、学生支持服务主管、图书馆服务主管、高级业务关系经理及管理服务主管组成，为理事会制定及推动战略提供了一个论坛。图书馆服务部门和学生支持服务部门的管理团队通过交流和分享实践经验建立联系。这确保了各服务部门之间的协同效应得到最大限度的利用。直接的影响已经被感受到，例如跨部门在提供合作伙伴支持方面的作用，我们的国际经验主管是海外合作伙伴，我们的图书馆学习和教学支持主管是英国图书馆的领导。他们共同努力，制订了一个完整的图书馆和学生支持服务“报价”，现在嵌入所有相关的大学委员会，提供连续性和问责制，并确保最大限度地提供服务。另一个例子是图书馆服务部门和学生支持服务部门的管理团队在创建新角色时发生的变动。这增加了整个理事会的经验和理解的广度，从而能够为学生提供及时、有针对性和适当的服务。

图书馆和学生支持服务的创建是为了提供最好的学生体验。学生在学率是我们的关键绩效指标之一，而描绘一幅我们的所有服务如何影响这一指标的图景，将能保证理事会愿景声明的实现，即学生的适应、在学与发展是我们所做一切的核心。

## 7.2 变革的反馈

作为谢菲尔德哈勒姆任何变更过程的一部分，同时也是最佳实践，董事领导小组在完成后6个月对流程进行了审查。我们既审查了实际过程，也考虑了我们与最初目标相比取得的成就。审查采取了以下形式：

- 我们是否达到了我们想要的目标？
- 什么做得好/什么让我们感到自豪？
- 什么本来可以做得更好？
- 接下来会发生什么？

在回答“我们是否达到了我们想要的目标”时，答案是“是的，我们做到了”。我们带领350名员工完成了一个完整的改变过程，这本身就是一个壮举。我们花了大量的时间为变革做准备，并确保信息始终如一。所有员工都有了新的工作描述，一些人有了新的工作，一些人趁机离开了公司。我们为员工对流程的参与程度感到高兴。同样令人振奋的是，大多数员工对这些变化持积极态度，认为这是一个影响他们工作方式并更好地为学生服务的机会。虽然意见不同，但反馈对话总是开放、诚实和尊敬的。回顾过去，看看我们与人力资源（HR）和财务部门的同事合作的有多好，也是件好事。虽然这一变化是由理事会推动的，但我们与他人建立的工作关系专业服务展示了一个真正的团队方法来实现积极的变化。我们一致认为，我们为我们的以下成就感到自豪：

- 我们的所有服务都以学生为中心。
- 创新意愿。

· 推动流程的最佳效率，以实现人员投资方面的最佳投资回报率（ROI）。

· 与学院和其他主管部门的关系，例如，在提供学生支持方面建立牢固的伙伴关系（图书馆和学生支持服务/学院学生服务/学生会咨询中心）。

· 在最初商定的时间尺度内实现我们的目标！

获得各级员工积极反馈的另一个关键成功因素是通过公开会议展示变革过程。每次演示都有相同的结构，并由负责交付变革的高级领导团队成员领导。每一位高层领导都以非正式的风格展示了他们提出的变革建议，不依赖于笔记或幻灯片，这尤其让变革背后的原因变得真实。员工们对他们各自领域的知识水平感到放心，当他们的问题得到自信的回答时，他们感觉受到了重视。

一开始，我们可能会预料到图书馆和学生支持服务之间存在一些文化差异。然而，由于咨询过程的性质（让员工能够在会议上和通过印刷文字进行反馈、分享和讨论），很快就发现，在新的董事会中，所有员工的关键激励因素是尽我们所能为学生服务，为我们所做的感到自豪，并被允许使用他们的专业知识来做到这一点。作为重组的领导者，我们没有关注分歧，而是关注我们共同的服务精神。

沟通在这个过程中至关重要，虽然这是任何变化的隐含部分，但值得注意的是，员工们都被告知更新信息传播的日期和时间。如果在任何时候，即使只是延迟几小时，也会通知员工，并管理他们的期望。虽然可能不是每个人都高兴听到一个重要的更新将比计划晚一点发布，但总体反馈表明，员工们感觉受到尊重，被定期通知。

此外，在沟通方面，工作人员表示，他们很惊讶在提交反馈后的短时间内就收到了高级领导团队成员的及时回复，尽管在截止日期结束后，最终发布的文件中添加了更详细的回复供他们阅读。回应是经过考虑的，而不是仅仅考虑收据确认，并在流程的每个阶段被分类给最合适的管理人员，以确保及时性和一致性。

考虑到哪些方面可能会更好，虽然我们提到了与人力资源和财务部门的良好关系，但我想我们都同意，我们的流程和系统并不灵活，且虽然这是一个很大的变革，但18个月仍是一段很长的时间。这对员工的一个直接影响是，在某些情况下，我们不得不用比想象中更长的时间管理两个角色。变更流程要求我们必须按员工等级进行变更，因此，如果有人获得了晋升，他们可能仍然在做他们的“老”工作，直到该职位被填补。在这段时间里，我们确实得依靠员工的善意来帮助我们。

然后我们考虑了我们对未来的期望和抱负。有些人可能会质疑，在经历了如此重大的变革过程后，我们这么快就继续前进的动力。所有员工都有新的工作描述，为什么要不断改变呢？这个问题很容易回答。我们想要实现我们真正的服务潜力，并真正让学生获得最好的体验。为此，我们在未来几个月和几年的重点是：

· 了解我们每项服务中的黄金标准客户服务是什么样子，并努力实现这一目标。

· 获得外部质量标志（卓越客户服务）。

· 在两个校区创建全年全天候开放图书馆和学生中心。

· 与董事会以外的其他帮助服务提供商（如学院服务台）一起开发和扩展我们的哈勒姆帮助品牌。

· 支持增加谢菲尔德哈勒姆的研究概况：努力支持教学/研究的连续性，促进开放获取，研究数据管理（RDM）合规性，支持REF 2020，通过系统创新来填充员工研究档案/谢菲尔德哈勒姆大学研究档案。

· 将教学中的包容性实践视为标准。

· 了解我们所有的服务干预都能增加价值，帮助过渡，增加保留率，并支持进步。

· 支持“健康大学”社区的推广，并实现其对业务的好处。

在很多方面，我们都是自己成功的受害者。学院对我们服务的采纳正在全面增加，一个例子是我们的学术技能团队，他们因带来巨大利益而受到欢迎。这不仅与学术写作和同伴指导的发展有关，还与我们通过将幸福技能和金钱技能嵌入框架，以获得我们想要的学生支持服务整体方法相关。我们将继续增加我们的技能供应，在整个学生生命周期中支持及时干预。另一个成功案例是图书馆的研究支持团队。同样，这个团队受到了非常好的欢迎，并且确实帮助支持了组织所有领域的研究增长，当然，还开发了我们的开放获取资源和数据合规要求。我们还在泰晤士高等教育领导力与管理奖（THELMA）和泰晤士高等教育奖中获得了许多杰出学生支持提名。我们的国际经验团队最近还获得了保罗·韦伯利国际教育创新奖，其项目涉及开发一个工具包，用于成功地为国际学生开展性健康运动。我们所有服务成功的关键是我们与学术人员和学院学生服务部门合作的伙伴关系。学生是我们所有服务的核心，通过确保这一点，我们能够努力跟踪学生并及时提供干预措施。共同努力也使我们能够在寻求适当的资源以进一步发展时提供循证方法。

我们的自助环境不断发展。我们所有的服务点现在都有触摸屏信息亭，提供一站式信息点，包括在我们所有的服务中预约的能力。我们越来越多地为所有团队扩展虚拟环境，并利用社交媒体进行推广和支持。这对所有人都适用，无论他们是专注于内部的，例如管理服务，还是面向学生的。有时候，我们对服务开发的想法比我们周围的数字基础设施建设得更快（例如应用程序的开发，CRM系统等）。在这种情况下，我们感受到系统团队的好处，他们可以作为我们与IT同事的业务合作伙伴，尝试优先考虑并将我们的想法转化为有形的数字项目。

潜在的孤岛工作和对边界的理解仍然存在一些问题。业务关系经理角色也是如此。我们正在解决这种潜在的紧张关系，把它看作一个销售代表的拜访！基本上，我们将业务关系经理视为一线销售人员，然后在必要时由技术专家提供支持。

管理服务在实现我们共同努力的承诺方面发挥着关键作用。我们现在有跨部门小组来支持共同工作、交换意见和增进了解。

图书馆及学生支援服务所提供的各项服务。一个早期的成功是引入了一系列名为“与……建立联系”的会议，这些会议侧重于单个团队介绍他们自己以及他们的工作和专业知识的例子。这些会议被安排在大多数员工方便的时间，经理们也鼓励他们参加。出席会议的团队因出席会议的水平而受到鼓舞，这有助于他们感觉受到重视，同时也提高了员工的意识，并与同事建立了关系。员工发展小组目前正在计划以庆祝成功为基础的理事会会议，为此，该小组正在寻找分享实践和培养我们共同的卓越愿景的方法。

最终，我们希望将我们所有的服务都集中到两个校区的一个物理空间中，以便能够提供一个真正的全方位服务，并得到无处不在的数字存在的支持。这将是我们以学生为中心的愿景的高潮。

# 第 8 章

# 有效嵌入：与学术部门和在线课程合作

霍夫曼·斯塔尔

内华达大学拉斯维加斯分校，美国内华达州拉斯维加斯

## 8.1 介绍

嵌入式图书馆事业的核心是让图书馆员以一种深入的、相互联系的方式沉浸在学术空间中。这个术语被用来涵盖各种嵌入的方法，包括：在在线课程中发挥作用、出现在学术部门、参加一整个学期的面对面课程，或在宿舍提供服务（Abrizah, Inuwa, & Afiqah-Izzati, 2016; Long, 2011; York & Vance, 2009）。在本章中，我将考虑两种类型的嵌入式图书馆：第一种，嵌入学术部门；第二种，嵌入在线课程。

## 8.2 嵌入学术部门

### 8.2.1 物理嵌入的"什么"

在哥伦比亚大学，我担任新闻和数字资源图书馆员，在两个地方工作：在雷曼社会科学图书馆的数字社会科学中心（DSSC）提供数据密集型研究支持服务，在新闻学院的单间新闻图书馆提供指导和研究咨询。[1]这个小图书馆由一名图书馆员（我自己）和两名工作人员组成，他们都曾在雷曼图书馆待过一段时间。图书馆每周开放64小时，提供借阅、保管、异地物品远程递送、馆际互借、指导和研究协助服务。

[1] 有关图书馆位置及其服务的更多详细信息，请参阅 Hoffman（2015）。

当我接手这个岗位时，嵌入背后的动力是支持学生参加一个强化课程（9个月的硕士课程，快节奏的作业），以及学院最近向以数据为中心的新闻学转变的课程。嵌入使我可以在查找和使用数据方面获得临时访问和预定的研究帮助。此外，我在系里参加会议和学校活动，这提升了我对教师和学生需求的认识。我还提供以数据为中心的指导课程。

由于我无法在新闻学院全职工作，我尝试了几种方法来最大限度地利用我在那里的时间，并帮助学生寻求帮助，而不管我身在何处。最初，我尝试尽可能多地出现在现场。然而，这种方法效率低下，使我与社会科学图书馆的同事隔绝开来。尽管经常有人请求指导和研究协助，但当没有人主动寻求我的帮助时，我有很多空闲的时间。

于是，6个月后，我安排了新闻图书馆的办公时间，并在图书馆的推特账户上公布了这个时间表。我之所以使用推特，一方面是因为它被新闻学院广泛使用（所有的学生和教师都被要求拥有账户），另一方面是因为我每周的工作时间都不一样（因为各种各样的图书馆会议）。我为特定的课程创建了LibGuides（图书馆指南），并培训了新闻图书馆的工作人员来帮助解决常见问题。我还鼓励学生们进行预约，不在的时候把我新闻办公室的电话转给他们。

### 8.2.2 分析：什么是有效的？

在学术部门的实际存在对于与教师和学生建立有意义的关系是有效的。我每天在指导会议和学校的出勤明显影响了学生们要求的研究咨询的数量。图书馆在学校的位置，毗邻学生休息室，有利于学生的即兴访问。与学生在大厅里的随意互动，往往会变成安排好的后续咨询，其他学生也会被老师直接介绍给我。随着时间的推移，我与教师们建立了更深的联系，对我的指导要求也越来越多。

### 8.2.3 分析：什么是效率较低的？

尽管鼓励学生在雷曼社会科学图书馆寻求额外的帮助，特别是涉及空间数据的项目（该图书馆有GIS专家），但很少有学生向新闻图书馆以外的图书馆或除我以外的图书馆员寻求帮助。这很可能是由于我与这些学生关系的（积极）影响，再加上他们的课程长度较短，而且步行到雷曼图书馆（距新闻学院两个街区）感觉很困难。这很可惜，因为我曾在社会科学图书馆轮班多次，原本希望安排一些与那里新闻专业学生的咨询。这本来将使我能够更好地管理咨询请求的负载，并提供访问DSSC预装地理信息系统（GIS）、R、Stata和其他专业数据分析软件的计算机，这些软件支持各种各样的数据需求。

此外，很难确定新闻学院的具体教学和研究需求，尽管我在他们的空间里，并定期参加教员会议。教师会议通常讨论全系的课程需求（如学生对数据素养和语法支持的需求），而不是具体课程的需求。一个因素是，学院的教员主要由执业记者、兼职人员组成，他们经常无法参加教员会议，也无法在系里度过非课堂时间。

### 8.2.4 物理嵌入的好处

在一个人手和时间都很宝贵的时代，物理嵌入并不适用于每个学科领域或每个图书馆。在这种情况下，嵌入是一个很好的选择，因为新闻专业学生参与的是短期硕士项目，他们的作业对时间非常敏感，通常需要在1~2天内完成研究、报道和写作。在他们的空间里有一个图书馆员可以让学生们迅速得到帮助。同样，新闻学院的不同寻常之处在于，它的大多数教员都是兼职，在其他地方有全职工作。我的到场使我能够与这些兼职教员保持联系，在他们来系里的短暂时间里，无论是当经过大厅、开会时，还是在系里的活动中。这种偶尔的交往增进了彼此之间的联系，也增加了对指导的要求。

### 8.2.5 物理嵌入的技能和行为

成功的物理嵌入需要许多“软”技能。虽然在大厅里闲逛和经过教师办公室有时会感到尴尬，但这增加了我的存在感，也增加了我与教师和学生的接触。有时仅是坐在图书馆里就能起作用，因为那是学生休息区，但当我在大楼里四处走动时，我更经常遇到教职员工和学生。一般性的社交技巧和刷存在感，相比于单纯的远程办公，更是有效融入一个部门的关键。

灵活性和时间管理同样重要。鉴于我在两个地方都有办公室，所以及时更新我的日程安排并在每个地方充分利用时间是很重要的。灵活性是关键，因为新闻系学生必须在短时间内完成作业，这意味着我的大部分研究咨询最早只能提前一天安排。因此，尽管我试图设定固定的办公时间（时间限制较少的课程可能不需要这种程度的灵活性），但我的日程安排一直在变化。

就我而言，熟练掌握科技（尤其是社交媒体）非常有用。院系的推特账号成为分享我的日程安排、图书馆资源和其他公告的理想媒介。我还在图书馆博客上提供更新，并为个别课程创建了LibGuides。当我远程工作时，这种在线可见帮助我保持了存在感。

创造力是必不可少的。嵌入需要创造性地重新思考传统的图书馆服务，使它们独特地适合你所在地区的特定学科、机构、教师和学生。如果你不是全职工作，你需要创造性地考虑你的时间管理。创造力可以帮助你提升图书馆的服务，有效地建立人际关系。

### 8.2.6 物理嵌入的建议

根据我的经验，最有价值的嵌入式活动只是在非预定时间进入教师空间，就许多话题进行社交和交谈。这将提高存在感，与教师建立信任，通常在随机的谈话中，你会学到你可能从未想过要问的有价值的东西。

虽然我没有成功，但我建议，如果你在多个地方工作，你可以制订一个固定的每周与学生和教师的“办公时间”时间表。尽管老师和学生要求安排计划外的会议，但坚定和纪律是保持时间表的必要条件。然而，考虑到教学、委员会会议和其他活动的常规承诺，严格的时间表是至关重要的。

考虑创建一种可以远程联系到你的方式。这可以是简单的电子邮件，但也可以包括推特、Skype、其他消息应用程序，或短信。然而，要注意在“非工作时间”让自己显得平易近人。来者不拒会阻碍你完成其他工作。你可能会故意让别人更难联系到你，只提供异步的交流方式，比如电子邮件。仔细考虑一下哪种方式最适合你的具体情况和你自己。

### 8.2.7 后续变化

我离开后，这个职位空缺了一段时间。图书馆创造了一种共享模式：三位图书馆员（来自社会科学、自然科学和人文科学领域）兼职嵌入部门（Brown, Leven, & Marden, 2016）。他们使用基于云的消息传递应用程序进行通信。随后，另一个分馆的图书馆员在两个分馆之间分配了时间。

### 8.2.8 物理嵌入中的机会、障碍和约束

与学生和教师建立关系的便利性是物理嵌入的绝佳机会。在他们的空间里，可以促进随意的接触，经常是偶然的对话，意想不到地说明了学生和教师的需求。这为提供特定的图书馆帮助和提高图书馆服务意识提供了机会。提高教师的意识可以增加教学要求，增加教师对学生使用图书馆作为资源的提醒，并增加研究咨询。

嵌入可以扩大图书馆员对该领域活动的认识。对我来说，这包括出现在教师和学生的电子邮件列表中，被邀请作为活跃成员而不是客人参加教师会议，以及出席未安排的活动。

物理嵌入的最大障碍很可能是缺乏足够的工作人员或工作时间（Lewis, 2010; Stewart, 2010）。由于许多学科专家已经在尽力同时应对多个学术领域的工作，很难说将他们的大部分时间分配给某一领域是合理的。图书馆员可以兼职嵌入，这可能使嵌入对更多的机构来说是可行的。然而，如果没有一个完整的分馆所在地的支持，完整的图书馆服务（流通、ILL等）即使不是不可能，也是很难提供的。此外，兼职嵌入式图书馆员可能会发现很难安排有用的“办公时间”，因为学生或教师需要研究协助的时间是不可预测的。

另一个障碍是空间。学术部门可能不愿意或无法为图书馆员提供办公室或其他指定的空间。在某些情况下，公共空间（如学生休息室或开放区域）可能是远程图书馆员的一个不错的选择。与办公室相比，公共空间的一个潜在好处是增加了交通流量，从而提升了图书馆员的存在感。然而，这些空间并不总是有利于这样的工作，也不是每个学术部门都有。

另一个制约因素是，嵌入会占用本可用于其他活动的时间。这对于负责多

个领域的学科专家来说可能是最困难的——在一个部门投入时间可能意味着在另一个部门的指导、提供参考和收集需求上花费的时间更少。

## 8.3 嵌入在线课程

### 8.3.1 在线嵌入的“内容”

现在我将转向考虑在线课程中嵌入的图书馆员。虽然我个人没有参与过在线课程，但我在2010年对六家美国机构的嵌入式图书馆员体验进行了一项混合方法研究（Hoffman & Ramin, 2010; Hoffman, 2011）。虽然该研究的细节已在其他地方发表，但在本章中，我打算反思与我相关的经验，以及我从中得出的结论。

在大多数情况下，嵌入模式是将一名图书馆员（有时在随后的学期中会有第二名图书馆员）添加到在线课程中，并在学习管理系统（LMS）中担任“助教”或类似角色。服务因机构而异，但大多数都提供一定程度的在线研究协助。这通常包括在网络公告板上发帖和发电子邮件，有时是为了回答学生的问题，有时是为了预测一个共同的问题。其他活动包括创建教程、测验和常见问题解答（FAQs）。一个图书馆建立了一个自动链接到每个在线课程的图书馆模块，允许在整个课程中使用公告栏信息，节省图书馆员的时间。

嵌入的目的比我预期的更多样化。我认为图书馆寻求一种近似于面对面的学生可以获得的个性化研究协助。在某些情况下确实如此。图书馆员还列举了其他原因，包括在不熟悉图书馆的学生之间建立信任，帮助学生改进特定的研究任务，以及提高图书馆认知度。

### 8.3.2 分析：什么是有效的?

嵌入的好处包括增加了学生与LMS内外图书馆员的联系。与面对面时相比，嵌入条件下的学生们表现出了更高级的研究技能。与学生建立的关系提高了图书馆的可见性。

### 8.3.3 分析：哪些工作效率较低?

这些图书馆员大多是作为独立单位开始嵌入的。因此，扩大规模以满足需求是很困难的。一位图书馆员说，这不是一个问题，因为有广泛的计划和时间管理，但大多数其他研究参与者都觉得后期的需求让他们不堪重负。

这是许多自下而上开始的图书馆服务的症结；他们的响应是成功的，但考虑到现有对图书馆工作人员时间的需求，大规模实施是困难的。从管理的角度来看，这种“精品”服务可能会有问题，如果它们最初的设计不是程序化的或可扩展的。除了扩大规模，一些图书馆员觉得每节课都占用了大量的时间。同样，这一点在参与者之间也有所不同。

### 8.3.4 在线嵌入的技能和行为

有效的在线嵌入需要出色的时间管理能力、多任务处理能力、计划能力和优先级划分能力。这些技能使图书馆员能够同时处理多个课程。这些技能在物理嵌入的情况下也很有用，特别是在多个地点之间分配时间的时候。

### 8.3.5 在线嵌入的建议

在线嵌入时，我建议：

·将在线嵌入设计为程序化服务；

·计划如何在有限数量的课程中进行初步试用后扩大规模；

·将在线嵌入指定为特定课程、级别或学科领域的“精品”服务，并坚持这一决定。

大多数研究参与者表示，成功（由图书馆和相关教师评估）带来了满足后续需求的问题。因此，这不是一项可以不加考虑就开始的服务。应制订规划，以确定扩展这样的服务是否可行和可持续，并提供实现这一目标的具体细节。

如果在整个课程中实现嵌入式服务是不可持续的，那么提供它们是否值得呢？如果在线嵌入图书馆员将受到特别的限制（例如，对于初级英语作文课程），那么这种限制将如何传达给校园？这样的指导方针应该提前很好地确定，并有明确的理由，这样图书馆员就可以清楚地向教职员工说明这项服务的目的。

除规模问题外，在个别课程层面，在嵌入之前至少有一个月的准备时间是有帮助的。在这段时间里，尽可能多地做好计划，预测学生的需求和时间安排。使用教学大纲来安排课堂作业、建议资源和日历上的提示。具体计划何时主动发送特定信息以满足学生的需求，并尽量减少就同一主题回答多个问题。

严格的时间管理也是有帮助的。每天安排一到两次处理LMS信息和公告栏，这样就不会占用你所有的工作时间。

编写消息脚本是必要的。从你根据作业预期的问题开始，并随着时间的推移而扩展。每当你回答一个问题两次时，都值得编写一个答案。在基于云的电子表格（如Google Sheets）中组织问题和答案，可以很容易地找到它们。其中一些问题可以在未来的学期中作为前瞻性的公告栏帖子使用，预测已知的学生需求。向老师征求更多的意见——如果她以前教过这门课，无论在线上还是线下，她可能对学生的问题种类和时间有很好的了解。基于这项研究的其他建议可以在文章中找到（Hoffman & Ramin, 2010）。

### 8.3.6 在线嵌入中的机会、障碍和约束

在线嵌入提供了一个很好的机会来协助整个机构的教育计划，例如增加学生参加一个或多个在线课程的留存率和进步率。在线评估有嵌入式图书馆员和没有嵌入式图书馆员的课程可能会在学生的成功和/或留存率上显示出差异，这为展示图书馆对学生成绩的影响提供了机会。此外，让学生在网络环境中更熟悉图书馆，反过来可能会让他们更适应实体图书馆（如果他们也有校内课程的话）。图书馆员参加在线课程可以增加图书馆员与教师的整体互动。反过来，这可能会带来更多的教学合作机会，包括未来图书馆员在作业或课程设计方面的协助（Iannuzzi, 2010）。

对于物理嵌入来说，障碍和约束是类似的。可能没有足够数量的图书馆员为每门在线课程提供嵌入式图书馆员，或者图书馆员可能无法投入大量时间进行在线嵌入。此外，图书馆员可能不熟悉机构所选择的LMS系统，也不知道如何充分利用它。

## 8.4 结论：嵌入有价值吗

这些嵌入模式中的每一种都提供了在通常的图书馆环境之外与学生和教师联系的有价值的方式。

### 8.4.1 物理嵌入

确定嵌入一个学术部门是否“值得”是很复杂的。与学生和教师建立深厚的关系，增加分享研究专业知识的机会，这些好处是相当可观的。然而，很难想象有哪个机构有足够的图书馆员来为每个学术部门提供自己的图书馆员，因此，必须做出取舍。优先考虑哪些领域将从嵌入式图书馆员中受益最大，为什么，以及如何最好地满足这种需求。必须决定在该部门工作的时间和安排，并找到工作空间。

根据我的经验，我建议只有在特定的、迫切的需求可以直接解决的情况下，才把图书馆员安置在学术空间里。在哥伦比亚大学，新闻学院有特殊的理由让图书馆员在现场：硕士课程很短，作业限期很短，学生们要花相当多的时间在校外报道。这些因素，再加上课程向数据密集型报告的转变，需要大量的数据专业知识来支持学生，有一个数据经验丰富的图书馆员在现场和在线快速回答问题，显然减轻了这些负担。

然而，完全嵌入的许多好处——偶然的对话，与学生和教师建立关系，很可能通过较小的尝试获得。例如，我现在所在机构的一位同事每周花两个下午在她指定的学院进行办公。这为她提供了许多在该领域进行有意义的互动的机会，还让她有很多时间在主图书馆完成她的其他职责。

### 8.4.2 在线嵌入

自我2010年的研究以来，在线教育已经发生了变化。许多图书馆已经转向“图书馆模块”模式，而不是将图书馆员嵌入特定课程的更积极的“高接触”模式。图书馆模块模式的可扩展性很好，而且对图书馆员来说几乎不需要额外的时间。然而，图书馆资源，特别是图书馆服务在LMS中可能没有很高的可见性，如果没有教师或图书馆员的干预来演示如何使用图书馆模块，学生可能永远不会注意到或使用它。

在实施之前，应该充分考虑在线嵌入的目的和范围。判断向在线课程嵌入“高触感”图书馆员是否值得取决于整个机构和图书馆的因素。在机构层面上：

· 该机构提供多少在线或混合课程，在线授课与面对面授课的比例是多少？

· 是否只有少数在线课程？是否有很多课程，但分散在不同的项目中？

· 该机构对在线课程和项目的重视程度如何？这些课程是有助于机构的战略方向，只是一个次要的收入来源，还是孤立的教育实验？

· 该机构是否通过在大多数项目中创建许多在线和/或混合课程来集中精力改变教育？

· 是否有专门的学院或学术课程主要是在线的？是否是该机构知名的，或该机构正在努力发展的？该项目最大的需求是什么，它与图书馆的关系又是什么？

其他相关因素还涉及图书馆工作人员：

· 有多少公共服务图书馆员可用？

· 他们现有的工作量是多少？他们的LMS设施和相关技术如何？

· 单个图书馆员在完成其他工作的同时管理时间和处理多门课程的能力如何？

此外，还要考虑现有的制度问题。留住在线学生是否是个问题，尤其是在特定课程中？是否存在学生成功率较低的特定在线课程，特别是由于建议图书馆参与的原因（例如，缺乏权威资源的研究论文或对这些资源的批判性参与或评估很少）？

将图书馆员嵌入具有特定研究任务（如交流或英语作文）的初级核心课程中，可以经济地完成。由于图书馆员通常已经通过指导和研究协助熟悉了这些课程，因此在整个学期中计划先发制人的教程和脚本信息应该很简单。通过每天安排特定的时间来检查LMS信息和公告栏，这一职责可以由几个图书馆员来承担，或者可能是研究生助理，他们可以在需要时请求图书馆员的帮助。然而，确保嵌入成功需要仔细规划目的和期望的结果。

### 8.4.3 意向性和结果评估

我对这两个嵌入模型的结论中的一个主题是意向性。我坚信，无论是物理嵌入还是在线嵌入，成功都与有意地了解嵌入的目的、提供的服务范围和服务对象，以及如何评估嵌入的结果有关。很多时候，嵌入项目因为模糊的结果而被判断为成功："我与教师建立了很好的关系！""学生们评论说图书馆似乎更平易近人了。"当然，积极的轶事在某种程度上有助于进行定性评估，但如果从一开始就没有明确说明目的，就很难评估是否达到了任何具体目标。在学术部门或在线课堂中建立善意是积极的，但由于嵌入需要图书馆员的大量时间，因此有责任指明期望的结果。应明确说明嵌入的目的（参见表8-1中的示例）。

**表8-1 嵌入目的**

| 嵌入目的 | 方法 | 想要的结果 |
|---|---|---|
| 加强本科生在研究论文中展示的批判性思维能力 | 将图书馆员纳入新生在线英语写作课程 | 本科生将在评估层面使用不少于5个权威来源（用标题判断） |
| 为忙碌的新闻专业学生提供需求点支持，提高他们的数据技能 | 每周在新闻学院嵌入图书馆员25~30小时 | 增加与新闻系学生的研究咨询。在学生报告中增加高质量数据的使用（由新闻学院评判） |

理想情况下，这些结果不仅会得到图书馆员的同意，而且会得到受影响学术领域的图书馆管理和教师（以及学术管理）的同意。考虑参与这些结果讨论的人员包括：

- 参考和指导图书馆员。
- 学科专家图书馆员。
- 这些领域的负责人/协调员。
- 评估型图书馆员。
- 图书馆管理员（具有组织整体战略眼光的人）。
- 教师队伍。
- 学术管理人员（系主任）。

- 通识教育/本科核心专家。
- 学术评估专家。

最终，无论哪种类型的嵌入，成功嵌入的关键是在规划阶段定义“成功”的实际含义。

# 第 9 章

# 构建在线版权模块：协作学习的案例研究

史蒂芬·耶茨，梅兰妮·索恩，艾米·韩，梅根·德康

莫纳什大学，澳大利亚维多利亚州克莱顿

## 9.1 介绍

莫纳什大学版权网站是一个文本密集的信息资源，由最少的多媒体内容组成。虽然该网站是一个有用的参考资料，但它过于密集和复杂，不适合作为员工发展学习资源使用，更像是一个综合信息资源。大学社区需要一个互动的、引人入胜的版权学习资源。

一个项目被提议创建一个教育资源，而不仅是信息资源。它计划作为一种自我评估资源，通过反思性学习，通过场景和案例研究结合问题来检查理解，提高版权意识。这项工作将在图书馆员工发展电子学习课程的背景下进行。该课程的目的是在面对面和在线学习日益融合的环境中，培养员工在电子学习设计、开发方面的能力，以及对教与学的理解。本课程的目标是通过一种主要的社会建构主义（Vygotsky, 1978）学习方法来实现的，在这之中，协作对于创造一系列真实的学习作品至关重要，在这种情况下，即版权模块（CM）。社会建构主义假设学习者拥有不同程度的先验知识。这一假设通过认知学徒制在课程中得到了应用（Guile & Young, 1998），参与者在彼此的工作领域中发展了知识和专业知识。这与Herrington、Reeves和Oliver（2006，2010）所讨论的真实学习方法一致。

在课程开始时，由两名刚开始职业生涯的图书馆员（开发人员）和两名大

学版权顾问（内容专家）组成了一个项目团队。图书馆电子学习协调员为工作人员的电子学习课程提供便利，并在整个开发过程中提供咨询。项目工作作为电子学习课程的一部分进行，但在课程完成后继续进行。

## 9.2 方法

项目开发由发展研究方法（Bannan-Ritland, 2003）提供信息，使用连续的形成性审查过程，为批次工作设置逻辑里程碑，并在每个阶段与利益相关者接触以获得反馈和改进。

混合方法（Johnson & Onwuegbuzie, 2004; Leech & Onwuegbuzie, 2009）被采用来构建评估，强调定性反馈。该团队使用小组讨论、分类和制表等技术来衡量评估结果，并确保相应的决策得到适当的记录和执行。协作在这个过程中发挥了关键作用。

主要利益相关者包括目标用户（图书馆工作人员、学习管理系统管理员和学者）、专家（教育设计师）以及大学教师版权顾问、总理事会办公室和图书馆沟通团队。

在评估过程和令人满意地完成电子学习课程之后，有一个从开发人员到内容专家的正式交接。经过进一步的可用性测试、审查和评估，CM在2015年MoodleMoot（Han, Deacon, & Yates, 2015）和2016年VALA（Deacon, Han, Thorn, & Yates, 2016）会议上发布。莫纳什大学学习与教学办公室在全体员工中推广了CM，并得到了大学副教务长（学习与教学）的认可。CM是版权局教育战略的重要组成部分。它被入职培训中的教师和希望提高对版权理解的个别学者使用。它正在扩展，包括一个由三名开发人员和一名内容专家组成的新图书馆团队的研究模块。

## 9.3 调查结果和分析

在项目的初始阶段有两个关键的合作：图书馆不同部门（版权局、图书馆员、学习技能顾问和电子学习工作人员）之间的内部合作；图书馆与大学社区其他部门（学术界、理事会办公室、教育设计师和行政人员）之间的外部合作。

由于项目团队成员在不同的地点、不同的时间担任不同的角色，项目面临着巨大的挑战。技术是促成成功合作的关键。

各种现成的工具被用于跟踪进展情况。对于内部协作，Microsoft Word最初被用于创建计划文档/故事板，并具有用于更新内容的审查和跟踪更改功能。然而，这变得太静态了，因为团队成员不能同时处理这些文档。谷歌文档提供了一种更动态的工作方式——团队成员可以同步协作，而不会混淆哪个是最新版本。谷歌文档被用来分享故事板、跟踪进度、存储和编辑内容、记录反馈和决策，以及分配任务。当开发团队对内容进行更改，例如简化场景和语言时，它特别有用，因为内容专家可以轻松检查以确保他们没有更改法律含义，这一点至关重要。

网络驱动器用于共享多媒体对象，例如电子学习资源。对于内部和外部协作，使用电子邮件和谷歌聊天和谷歌hangouts（一款在线视频会议工具）进行通信，并使用网络服务器在用户认证的位置发布资源，以便完成的电子学习资源可以在实时环境中共享和审查。使用大学的学习管理系统（Moodle）来整合和托管各个开发阶段的电子学习资源。由于这些工具是大多数大学员工常用的，因此可以通过方便和熟悉的技术提供反馈。

到位的沟通过程（同步和异步）使工作能够跨地理位置共享——这考虑到了团队成员的不同状态——并跟踪和识别每个合作者所做的工作。这提升了整个项目发展过程的透明度。尽管在线协作工具，尤其是谷歌文档，对于克服日程安排和位置困难至关重要，但面对面的对话仍然是推进项目的最有效方式。这些都是在可能的情况下进行的。不同的（有时是非正式的）会议地点通过提供了多样性，并允许公平分配旅行时间，从而促进创造力。这个项目是混合学习的一个应用，但在工作环境中，而不是在学生课程中。

外部合作很重要，因为CM需要与大学社区相关并有用。越多的学者和专家参与评估和测试，项目就越有可能满足他们的需求。它还与参与不同发展阶段的学院“冠军”一起协助推广该资源。与如此多的利益相关者合作意味着多种观点、不同方法产生的创造性想法，以及来自大学不同部门的更多支持。

该团队完成了项目提案中列出的所有要素，以及原始范围之外的其他部分。CM的扩展源于学术合作者的反馈，他们希望在特定的教学领域获得更多的信息。该团队将响应反馈而扩大的项目视为与学术合作伙伴真正合作的反映。该团队对他们的反馈做出了有意义的回应，即使这意味着要创造新的材料。CM是有机增长的，因为随着更多的员工参与到评估会议中，就会产生更多的改变和改进的想法。当员工看到他们的想法在CM中得到实现时，他们变得更加投入其中。团队将这种增长视为整体协作有效性的积极结果。这种积极的增长在团队协作的扩展中也很明显，因为成员们继续在其他合作机会上共同努力。这包括三次会议演讲、一次会议海报，以及两份与CM以及其他图书馆项目相关的审稿出版物。

这次合作的一个意想不到的好处是，版权顾问对Moodle及其功能缺乏事先的了解。这意味着他们以不熟悉环境的用户的身份审查内容。例如，他们对导航的评论促使开发团队找到Moodle固有问题的解决方案，并改进了用户体验。随着内容专家更多地了解平台的潜力和局限性，开发人员能够培训他们如何使用。因此，内容专家能够根据开发人员的模板构建模块的整个部分。随着开发人员版权知识的增加，技能转移也随之发生。这种相互学习似乎是合作的自然结果。它说明了社会建构主义、真实学习和认知学徒制方法的有效性。

评估在很大程度上是定性的，这给结果分析带来了挑战。相互矛盾的方法可能会被推荐给不同的合作者，例如，更简单与更多的细节。有时候，这种反馈是可以调和的；既要减少文字，又要增加细节的要求，可以通过删减页面内容，但包括更多信息的链接来实现。然而，当合作者看到CM实现了不同的目的时，很难将反馈纳入其中。一些工作人员更喜欢有固定主题的结构化方法，因为这更适合入门或培训，但当学者们在特定问题上寻找具体答案时，这就不合适了。该团队被迫重新审视CM的目标，并选择了一个开放的结构，并计划在稍后阶段添加定义的路径。虽然这种妥协最终被合作者接受，但它确实强调了在试图适应不同视角时需要额外的工作和努力。

在评估过程中，团队学到了一个宝贵的教训，那就是不要轻视合作者的观点。一些学者和图书馆工作人员不喜欢在早期评估中不同部分的风格不一致，修复这意味着大量的工作，所以他们决定忽略这些评论。然而，后来的几轮评估再次强调了这种差异，因此必须解决这个问题。尽管这种不一致部分是由CM的有机发展引起的——通过实践学习方法——但它的影响本可以被最小化。有了这样的经验后，我们决定始终部署和测试原型，但团队从一开始就这样做可以节省大量的时间和精力。

团队明显低估了项目所需的时间，特别是考虑到相关人员的竞争优先级。员工们必须在完成项目的同时平衡其他职责。由于一些团队成员对自己的时间拥有较少的自主权，这些问题变得更加严重。通过利用技术来最大限度地提高灵活性，让时间紧张的团队成员在机会出现时做出贡献，这些障碍在一定程度上得到了克服。尽管如此，由于这一限制，最后期限不得不修改。

此外，由于开发人员和内容专家必须通过CM的工作获得必要的技能和知识，因此开发时间比通常的电子学习项目要长。然而，这允许学习和最终的技能转移发生，并扩展到其他员工和项目。在内部和外部合作中建立的关系也得到了加强，因为有了更多的互动机会。为了更丰富的合作，牺牲了快速的结果。

这对团队和图书馆都有额外的好处。对于那些通常在工作中不互动的员工来说，这是一个了解彼此和他们的专业领域的很好机会。通过利用他们不同的技能，团队创建了一个高质量的资源，从中衍生出模板、原型和设计原则，以用于未来对CM的增强。CM不仅成功实施，而且从中吸取的经验教训已成为图书馆其他项目和指导原则的基础。例如，图书馆的所有电子学习项目现在都开发了小型模块化部分，以便在对特定结果进行大量投资之前测试问题。利益相关者参与CM意味着合作已经扩展到图书馆之外。跨组织的伙伴关系已经发展起来，有可能远远超出项目本身。至少，CM让图书馆得到了大学其他部门的推广和认可。

## 9.4 讨论和建议

该课程采用的社会建构主义设计和真实的学习方法要求参与者合作，以生产用于现实生活目的的人工制品。项目的协作性质和应用的开发研究方法允许项目团队在早期和整个开发过程中与利益相关者接触，并使团队能够以迭代的方式开发和审查项目，因此随着时间的推移，它被完善，直到项目完成。这意味着，随着审查和调整的不断应用，需要更少的回顾性更改，最终节省了生产时间。

该合作还展示了认知学徒制的一个例子，即具有不同水平的电子学习能力和不同类型的专业知识的参与者共同努力，就复杂的法律主题制作电子学习模块。如上所述，在创建CM过程中发生的合作涉及版权顾问提供内容，但无法参与有关学习活动和电子学习技术的深入讨论。随着项目的进展，他们对讨论模块的学习设计变得更加自如，对技术也更加熟练，而开发人员则对版权主题有了更多了解。这种专业知识和电子学习专业知识的协作交流，对于未来类似范围的项目的设计和实施是很有价值的。由于项目第二阶段提供的学习和发展机会，新的团队成员已经被吸引到项目的第二阶段。

合作者的反馈很大程度上是定性的。虽然这允许深入参与和反思模块的有效性，但这是一种部分出于必要性而选择的方法。事实证明，从所有院系中获得足够数量的学者来测试CM是一项挑战。尽管有机构的支持和促进，但最好的结果来自那些已经与图书馆有过合作和咨询记录的领域。确定伙伴关系中的差距并鼓励新的合作努力是未来改进的目标。

在项目期间，时间是最难管理的资源，特别是在没有外包的情况下，必须在项目工作和其他日常任务之间做出权衡。几乎不可避免的是，项目时间被多次延长。未来类似性质的项目，需要从一开始就更清晰、更现实地阐明目标，并对角色进行精细的定义，以便每个参与者都知道对项目的期望是什么。项目的强度也应该得到认可，并制定步骤以确保有足够的时间，有时会延长很长一段时间。例如，电子学习课程现在包括“训练营”，项目团队聚集在一起，在项目上集中工作一段时间，这是CM项目经验带来的另一个重大改进。

视频会议和其他前面提到的协作工具在协作的成功中发挥了关键作用，这表明技术的使用可能会改变协作的动态，并为参与者提供更多参与项目的方式。尽管如此，正如讨论所表明的那样，面对面的沟通仍然有其优点，有时在虚拟协作中缺乏沟通线索也存在缺点。因此，图书馆继续尝试不同的工具，寻找改进之处。

如果考虑使用本案例研究中讨论的方法来开展项目，如果团队成员为项目带来不同的技能集，将会发生更丰富的协作。然而，参与者必须愿意相互学习，并尊重其他合作者的贡献。在分配时间、精力和注意力方面有一定自主权的人，项目也会做得更好。

## 9.5 结论

CM是作为莫纳什大学图书馆开展的员工发展电子学习课程的真实学习人工产品而被开发的。团队成员，包括来自图书馆不同部门的人员，以及外部利益相关者，是创造和评估资源的有效合作者。这种协作尽管存在挑战，但能够创建高质量的资源和一套原型和模板，供模块开发期间和开发后使用，为其他想要创建类似模块的人提供一套设计指南，并通过认知学徒过程提高对团队成员角色的理解。成员们形成了良好的团队动态，从而在其他项目和出版物上进一步合作。他们从技能转移中受益匪浅，并在图书馆内外建立了良好的关系。这些联系现在正被用于其他项目的合作。鉴于该团队在这样一个高度协作的项目中的经验，图书馆现在更早地让利益相关者参与进来，使用原型和模板，并更多地利用视频会议等在线工具。CM提升了图书馆的形象，并为图书馆利用电子学习资源的能力提供了证据。尽管这需要大量的时间和资源投入，但这种协作学习模式为参与其中的个人和组织带来了丰厚的回报。

# 第10章

# 阿德莱德大学的数字能力框架：共同创造的实践

朱迪斯·贝利，尼尔·杜菲尔德，费利佩·莱维
阿德莱德大学，澳大利亚南澳大利亚州阿德莱德

## 10.1 介绍

本章讨论了阿德莱德大学数字能力框架（DCF）的持续发展，这是一项由分管学生学习的副校长［PVC（SL）］和大学图书馆领导的合作倡议。它将讨论这种协作方法的好处和挑战，并反思项目的过程和进展。

阿德莱德大学是澳大利亚第三古老的大学，成立于1874年。它是研究型大学联盟“八国集团”的成员之一。有超过21000名学生，其中包括5600名国际学生和3800多名教职员工，分布在三个主校区。该大学的综合教育组合由五个学术学院提供：文学院，科学学院，工程、计算机和数学科学学院，健康与医学科学学院以及职业学院。

随着知识和学习的本质发生了根本性的转变，阿德莱德大学和世界各地的大学一样，正在努力解决课程和教学法的问题。整个教育行业都在研究如何让学生为不断变化的学习和工作世界做好最佳准备。人们普遍认为，数字能力不仅对学生的学业成功至关重要，对就业能力也至关重要，因为人工智能、大数据和区块链等颠覆性技术开始彻底改变工作的性质。

在英国，Jisc开始通过发展数字扫盲项目回应这些问题，该项目支持大学制定数字扫盲战略、资源和实践。然后，Jisc从“识字”转向“能力”方法，更

多地关注以结果为导向的活动。Jisc在这一领域的最新工作，即建设数字能力项目，旨在确保员工具备适当的技能，在快速变化的技术环境中为学生提供支持。

澳大利亚的大学工作不太一致，处于不同的成熟水平，并且侧重点各不相同。在拉筹伯大学，一个数字扫盲项目首先与员工接触，以确定数字能力建设应该关注的领域。在迪肯大学，图书馆为教职员工提供数字扫盲资源和指南。在伍伦贡大学，“教职工数字扫盲支持”项目根据教职工调查结果，开发了一系列同步和异步学习活动。

## 10.2 本地战略背景

在阿德莱德大学，DCF项目是作为与两个关键机构级战略计划相关的战略行动而启动的，这两个战略计划都于2016年启动：学习、教学和评估战略（SLTA）和未来图书馆。SLTA要求大学加强在课程中嵌入学生的数字素养发展。这是其更大目标的一部分，即加强对明确定义的“属性课程”的支持，该课程基于与大学毕业生属性（GAs）相一致的学习成果。这些学习成果旨在帮助学生在高度动态和不确定的全球环境中为毕业生就业做好准备。目前，该大学的六个GAs包括“职业和领导准备”，其中一个维度被描述为“技术悟性”。2017年，该大学将审查其GAs，并考虑以更明确和更全面的方式代表这些数字能力。SLTA还承诺大学采用数字技术，为学生的学习和研究创造丰富而引人入胜的新方法，以增加灵活性和提高面对面学习活动和环境的教育价值。整个学院范围的DCF的发展将提供数字能力的灵活概念，并指导如何将其应用于不同学科背景下的教学，SLTA在课程开发和学习设计中重点关注“项目层面思维”（与更细粒度的课程或单元层面思维不同）。

大学图书馆从2015年开始通过未来图书馆项目制定和阐明其战略重点的转变。未来图书馆项目阐明了大学图书馆的新愿景，即“为大学的学习、教学和研究愿望做出大胆、灵活和重要的贡献”。它承认图书馆在支持学生学习方面的关键作用，并寻求在提供信息素养资源和与学术人员合作支持学生学习的现有基础上再接再厉。它设想在大学的院系、学院和部门之间加强积极主动的合作，以帮助制定大学教育概况的战略方向。未来图书馆项目确定的一个关键目标与图书馆在培养学生数字素养或能力方面的作用有关。未来图书馆项目设想“图书馆将领导和合作，在课程中嵌入学生先进的数字素养技能的发展”。预计图书馆员将越来越多地在合作伙伴关系和多专业团队中工作，以设计和提供嵌入课程中的数字能力内容。这将包括在评估任务设计方面的合作，使学生能够展示他们的数字能力，以及帮助学生向雇主阐明这些能力的举措。

作为实现战略目标的手段，共同创造和伙伴关系的价值观和原则在这一愿景中得到了强烈体现。该计划设想，服务转型和再造将通过与图书馆社区的共同创造来实现，并以此作为实现最佳结果的手段。与SLTA一样，未来图书馆计划相当重视与学生合作，作为共同创造者和合作伙伴，参与旨在提高学生学习体验和成果的战略活动。

## 10.3 起步

作为这些战略举措机构层面的一部分，并在2016年PVC（SL）和代理大学图书馆员之间的讨论中产生，大学图书馆被邀请领导数字素养框架的开发。PVC（SL）同学习和研究服务型图书馆员起草了一份商业计划，建议从大学图书馆借调一名项目干事来推动这一进程。项目干事将通过学习和研究服务型图书馆员向PVC（SL）报告，这是一种处于正式组织结构之外的安排。PVC（SL）是项目发起人，大学的学习技术指导小组（LTSG）担任项目委员会。LTSG为许多战略性数字学习和教学项目提供管理，并由PVC（SL）担任主席。学习和研究服务型图书馆员也是指导小组的成员，在两个层面上代表DCF项目。该项目由PVC（SL）和大学图书馆共同资助。非标准的预算和报告安排都巩固了这一概念，即该项目是大学图书馆和大学学生学习组合之间的一种新型共享努力。

商业计划指出，该项目将建立一个灵活的阿德莱德大学框架，支持学生数字素养技能的发展，并酌情将其整合到项目层面以及课外发展机会中。它将审核大学内部现有的实践以及国内和国际上可用的替代模式，咨询教职员工和学生，确定雇主的要求，为最合适的框架以及如何在当地实施提出建议，并在所有院系试点实施。

商业计划中概述的预期结果如下：

· 大学数字素养框架。

· 在每个学院进行试点。

· 对试点成功的分析。

· 项目层面推广的实施路线图。

这些结果并不是指令性的，而是要通过与教职员工和学生的协商来检验其相关性。

2016年9月成立了一个工作组，代表了整个大学的利益团体（图10-1）。

2016年下半年安排了定期会议，并聘请了一位英国数字能力专家作为该过程的“关键朋友”。工作组在一个实体空间举行了五次会议，这位英国顾问通过Skype连接出席了大多数会议。

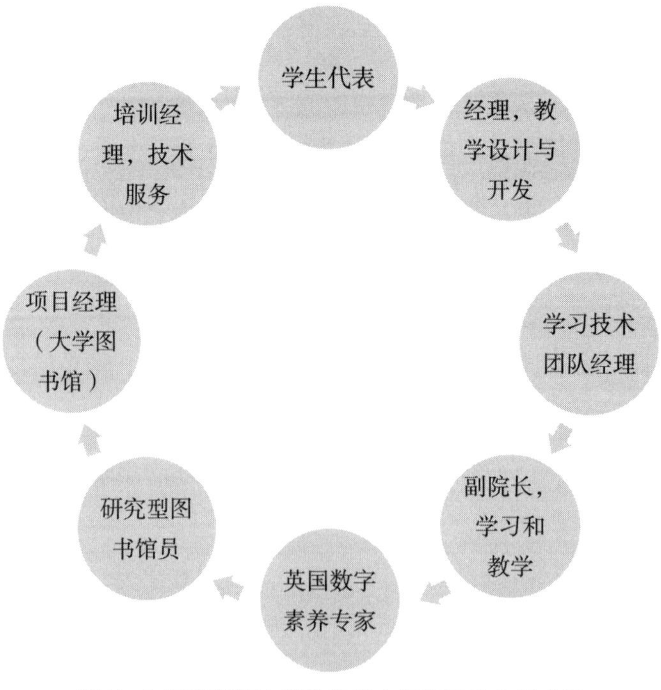


图10-1 阿德莱德大学数字能力框架工作小组成员

## 10.4 制定框架

在工作组会议早期，人们认识到，开发面向员工（以及面向学生）的框架将是考虑学生数字能力发展的关键组成部分。这是技术服务部培训经理和负责专业学术人员培训的学习技术团队（LTT）经理的核心讨论点。这次讨论的结果是为学生和工作人员制定了补充框架。这两个框架将有重叠的部分，但侧重点不同，这将反映出两种不同的视角。

在大学主校区的Hub Central，通过采用“比萨征求意见”的成功大学策略，与学生进行了早期接触。2016年9月，超过450名学生对一系列技术和能力相关问题发表了评论，以换取一片比萨。后续还举行了学生资料反馈会议，这也为工作小组提供了信息。学生们意识到他们可能没有为数字化工作场所做好充分准备，但是渴望在使用生产力软件方面得到支持。他们还渴望获得编码技能和数字对象创建的设计技能。然而，他们指出，虽然使用技术是有用的，但他们不希望它取代面对面的教学。

这些评论为工作小组开发具有阿德莱德大学特色的框架奠定了基础。作为第一项协议，工作小组通过了英国Jisc数字能力框架，作为制定本地框架的关键参考点。[2]该框架的简单性吸引了工作组，因为它为在大学环境中开发数字能力提供了实用、相关、适应性强和可访问的方法。它也在英国高等教育环境中进行了彻底的测试和评估。

工作小组还建议将“识字”改为“能力”。有许多因素促成了这一建议。最重要的是，文献和研究已经转向这个方向，Jisc的工作证明了这一点。在南澳大利亚的教育背景下，从12年级开始，就有一个“能力框架”支撑着课程，因此利用现有的对术语的共同理解似乎是合乎逻辑的。

## 10.5 反思

图书馆员在与大学员工建立关系方面有着悠久的历史。至少30年来，他们一直处于与学术人员合作的前沿，担任学科或研究型图书馆员［例如，学术型图书馆员在大学中的角色，参见Levy和Roberts（2005）以及Mackenzie和Martin

（2016）的工作]。然而，在阿德莱德大学的背景下，选择图书馆作为负责的业务单位并不是一个明显或直观的选择。在其他大学，图书馆有责任制定和实施全校范围的信息素养战略。然而，在阿德莱德大学，大学图书馆没有一个信息素养战略作为基础，这意味着图书馆内外的文化并不习惯于将它们视为涉及课程开发的活动的合作伙伴。尽管学术人员和研究型图书馆员之间有良好的非正式关系，但在课程开发方面没有明确的合作途径。

另外，由于图书馆是一个中立的中央机构，它可以被视为具有客观性，这可能有助于平衡有时相互冲突的优先事项和观点。它可以建立与所有院系和其他专业单位现有的合作关系。图书馆工作人员也习惯于直接与学生打交道，并帮助他们培养完成学术任务的技能。这让图书馆的工作人员，以及作为研究型图书馆员的项目经理了解学生数字能力的基础水平。图书馆工作人员明白，作为“数字原住民”（就世代而言）并不一定等同于拥有在学术或专业数字环境中有效运作所需的关键技能（Tapscott, 2008）。

## 10.6 协作过程：哪些工作做得好，哪些工作做得不好？

项目领导的伙伴关系方式自有好处。PVC（SL）在大学中的作用意味着该项目的重要性得到了广泛认可。她的成功清楚地表明，这不是一个孤立的“图书馆”项目，而是具有广泛学术信誉和意义的工作。

由于分管学生学习的副校长正在领导2016~2018年学习与教学战略实施计划，这确保了DCF项目在更广泛的计划中得到很好的整合，并与其他方面保持一致。具体地说：

·通过整合阿德莱德大学研究生属性课程，提高了项目层面的一致性。

·在所有课程中为学生的职业准备发展提供综合方法，将课程、联合课程和课外机会联系起来。

·明确定义的“属性课程”，优先考虑嵌入职业准备、全球公民、跨文化意识和数字素养发展。

工作小组成员的多样化，以及成员在框架制定过程中的重要作用，使该项目能够在基层而不是自上而下地制定。它不是仅仅从PVC（SL）办公室出现的，而是在从业者水平上发展起来的。工作小组成员的选择反映了整个大学的经验和专业知识的范围，这带来了一些风险，但有可能为该项目带来重大回报。

利用整个大学的工作人员的专业知识有明显的好处。结合起来，这群人带来了教学和技术方面的专业知识，对教学学术的行政要求有了透彻的了解，对更广泛的战略环境有了了解。来自各个院系和部门的角色的加入提供了一系列的视角，一名学生的加入也提供了一系列视角，这种方法确保了框架更加稳健，因为有来自多个角度的多人塑造其发展。

该项目在早期广泛咨询了高级利益相关者，包括五个学院的副院长（学习与教学）。他们热衷于将该框架与其他战略和要求很好地整合在一起，例如工作整合学习和就业能力倡议。他们认为，一个设计良好的数字能力框架应该帮助他们的教学人员使用数字方法来满足其他要求，而不是对他们的时间和注意力提出额外要求。这有助于在一开始就了解潜在的阻力点来形成项目的产出。

工作小组的一名成员指出：

会议保持简短和集中，我们有很多机会通过Skype与我们经验丰富的外部顾问表达我们的担忧和意见。

（教育设计与开发经理）

但是，工作组的另一位成员评论说：

尽管技术增强了我们的协同工作实践，但我们本可以做得更好。以我所见，项目经理收到的回复更多是电子邮件附件，而不是存储在协作在线工作空间中的文档，这是没有帮助的！

（技术服务培训经理）

小组成员一致认为，协作的方法是必不可少的，而且需要发挥作用：

如此重要和规模的制度框架需要考虑所有利益相关方的观点，以确保相关性、参与和未来的顺利实施。在团队中增加一名学生作为平等成员是一个非常棒的决定，特别是在讨论了学生的数字能力和调查之后。

（教育设计与发展经理）

这个特别工作组的显著特点是其成员来自联合国大学的各个部门，以前从未在一起工作过。共同努力的意识意味着工作小组是积极的，并热衷于建立关系，以交付项目成果。开放性是工作小组的一贯特点，这意味着很快就建立了信任。这使人们能够自由地分享信息，并尊重不同的观点。

然而，成员们在讨论中带来了不同的观点。这是由于他们在大学里的不同角色，也因为他们之前的经历。其中两名成员曾在私营部门管理过项目，因此他们热衷于为项目制定一个更雄心勃勃、以结果为导向的流程。项目经理鼓励成员表达对项目进展的关注，这促进了以协作的方式讨论解决方案。她得到了该项目的数字能力专家的协助，该专家位于英国，并通过Skype出席了会议。作为一名高等教育顾问，她在管理来自大学不同院系的人员方面拥有丰富的经验。她还在整个过程中指导项目经理，能够回应新的想法，并将其与数字能力的国际话语联系起来。

大学是繁忙的地方，因此对项目福祉的主要关注来自小组成员参与项目的方式也就不足为奇了。当他们参与其中时，起草过程就会顺利进行。由于工作量大，人们并不总是能够像他们希望的那样参与其中：

有些情况下，项目可能会从小组成员的更多反馈中受益，特别是当我们在开发框架结构的细节时。

（研究型图书馆员）

由于这是一个关于发展数字能力的项目，所以有一种观点认为：

这个项目本来可以从项目开始时一些更密集的面对面的研讨会中受益，随着项目的进展，逐渐过渡到线上。这将有助于建立关系，这是良好合作的关键。

（某技术服务培训经理）

到2016年底，工作小组已向项目经理提供了明确和经过深思熟虑的方向，以制订框架草案，并将于2017年初提交给相关指导小组。

这段经历对所有参与的人来说都是积极的。在这个合作项目中工作有很多好处。我能够深入了解大学的不同领域（例如IT和教学），并了解它们是如何工作的。这也是我参与的第一个全校范围的项目，这个项目的成果将影响学生、学术人员和教职员工，所以这是一件大事！

（某研究型图书馆员）

## 10.7 结论

由于项目仍在进行中，还不可能得出最终结论。然而，给图书馆带来的明显好处，除了技能、知识，以及项目团队建立的关系，已经提高了我们在整个大学的知名度和可信度。过去，图书馆的工作并没有得到如此全面的整合。数字化能力项目的参与使图书馆在大学内进入了一个新的位置。

到目前为止，这个过程已经证明了资深支持者的价值。我们相信，PVC（SL）的领导极大地增强了学术人员的支持。通过图书馆和学生学习之间的合作，该项目的杠杆作用也比由其中一方牵头要大得多。

协作和共同创造的价值观和原则，包括将学生作为战略合作伙伴，使该项目具有微妙和复杂性，如果没有如此广泛和多样化的参与，这是不可能实现的。工作组的协作过程产生了创造性的自由和灵活性，并促进了成员领导能力的发展。

工作的协作性也导致了项目本身的关键变化。商业计划本身并没有决定结果，结果是开放的（共同）创造，因为大学社区的需求是通过协商暴露出来的。特别是，从技能到能力的概念转变，以及为学生和员工开发一个双面框架的决定，并没有在商业计划中预料到，而是在项目本身中有机地出现了。

## 10.8 展望

未来图书馆计划设想，为了实现其目标，大学的图书馆工作人员“需要在全校建立更紧密的工作伙伴关系，包括与学术人员、网络学习顾问、职业规划专家、学生学术技能专业人员等”。与此同时，他们需要与学生领袖和代表更紧密合作。大学将学习和教学支持与创新中的合作领导机制视为图书馆未来专业化实践的标志。这就要求图书馆工作人员培养新的专业技能和信心。DCF项目提高了大学图书馆作为促进大学学习和教学合作变革的领导者的可见性，并在此过程中为图书馆内部发展新的专业知识提供了机会，这对该机构具有相当大的战略和教学价值。

# 第11章

# 支持数字学术和数字人文：墨尔本大学图书馆和艺术学院在概念、空间和服务方面的合作

唐娜·麦克罗斯蒂，利奥·康斯坦泰罗斯
墨尔本大学，澳大利亚维多利亚州墨尔本

## 11.1 引论

在数字化、网络化和开放获取的影响下，学术研究、交流与实践已经不停地在转变（Leu & Kinzer, 2000; Pearce, Weller, Scanlon, & Ashleigh, 2010; Weller, 2011）。技术环境经历了持续变化，未来唯一确定的是这种变化将继续下去。数字学术的机遇与挑战并存，学术团体面临着管理海量数据，以及管理、传播和分享数据的一系列选择。学者们需要利用学术图书馆提供的专业知识来促进信息的获取和发现，但他们越来越多地利用数字人文的方式来加强学术研究，利用数字人文的方式获得在学术出版方面的建议。这可以从图书馆环境整合和嵌入数字学术服务的持续努力中得到证明（Sinclair, 2014）。这方面的典型案例包括北卡罗来纳州立大学的亨特图书馆和大英图书馆的数字奖学金项目。在支持研究和学者的过程中，图书馆和学术领域通过开发数字学术计划、服务和空间来促进学术创造、传播方面的创新和实验。

这些努力的基础是四个形成共识的观察结果。第一，人们对研究方法和产出的需求越来越大，这些方法和产出允许用户参与多模式的互动（参见，例如

Kroll & Forman, 2010）。技术进步助力学术研究，创造了新的学术探究途径，包括沉浸式可视化、游戏化、3D技术的使用、快速原型制作和数字地图。这些技术不仅促进了学术研究；它们的使用也可以成为新的研究途径的基础：人文、艺术和社会科学（HASS）学科研究“嵌入（技术）的文化和制度背景如何影响它们的开发方式、提出的可行配置类型、实施和运用的方式，以及它们对组织和其他社会群体的影响范围”（Lamb, Sawyer, & Kling, 2000, pp.1614–1615）。第二，学术界期望机构能够满足长期可靠的数字基础设施的需求，这些基础设施将反过来确保研究成果的管理、存档和保存，以备将来发现、再利用和创建数字研究遗产（参见，例如McCarthy & Konstantelos, 2013）。第三，需要支持制定绩效指标和方法工具，以评估人文和社会科学的研究成果，重点是“这些学术领域的特征，其实质性内容，特别是学者之间的交流实践和交流系统的结构”（Moed, 2005, p.147）。第四，机构热衷于促进学术合作和跨学科研究，这两者都需要数字学术工具和支持，以确定“学科甚至子学科的差异，包括如何进行研究、什么是有价值的知识、什么是合作的方法和传播的形式”（Weller, 2011, p.119）。学术合作的支持和服务通常是高度协作的项目，一般涉及大学图书馆、信息技术、学术领域甚至更广泛的团体关系。

在墨尔本大学，关键战略文件《在墨尔本的研究：保持卓越和影响力到2025年》和《墨尔本的学术信息的未来：十年战略》为审查和调整我们的努力提供了动力和理由，以最大限度地提高大学的研究成果。这些战略需求指导着我们2015~2016年的投资，同时，受到数字艺术和数字人文领域国际发展的启发，墨尔本大学图书馆与文学院的高级管理人员和学者在两方面进行了合作，以促进数字环境中的研究发现：首先，将一个富有创意、鼓舞人心和创新的空间概念化，使其成为数字人文领域研究实践和合作的目的地；其次，利用新服务和新工具来应对当前的和新出现的挑战。

因此，构建数字人文实验室的想法诞生了，作为一个中心，为研究人员、研究生、合作者和从事HASS数字项目的行业合作伙伴提供专门的协作、项目和非正式空间。现在它被称为“数字工作室”，这个最先进的空间“位于墨尔本大学校园西艺术大楼的两层”，提供一系列服务和基础设施，以支持研究、教学、合作和跨学科研究。本文介绍了这一合作努力的故事、建立合作的方法，以及在此过程中和项目完成后学到的经验教训。

## 11.2 数字工作室合作的规划、视野和发展

2015年初，数字人文实验室的概念和提议工作启动，该实验室将占据墨尔本大学新艺术学院（西艺术）的两层楼。该建筑正处于改造过程中，正在进行大规模的重建，为学生和教职员工创造一个新的、充满活力的教学空间。西艺术大楼与旗舰贝利乌图书馆有直接的走道连接，该图书馆是该大学最大的学科图书馆，是艺术、人文和社会科学的教学、学习和研究中心（见图11-1）。两座建筑之间的物理和学科联系为大学图书馆和艺术学院之间的合作提供了独特的机会，这将使将数字学术服务与HASS研究和创新相结合的可能性最大化。这种合作的价值主张在更大的重建项目的早期就得到了认可，艺术学院院长和大学图书馆馆长相互咨询，以制订和实施合作项目。

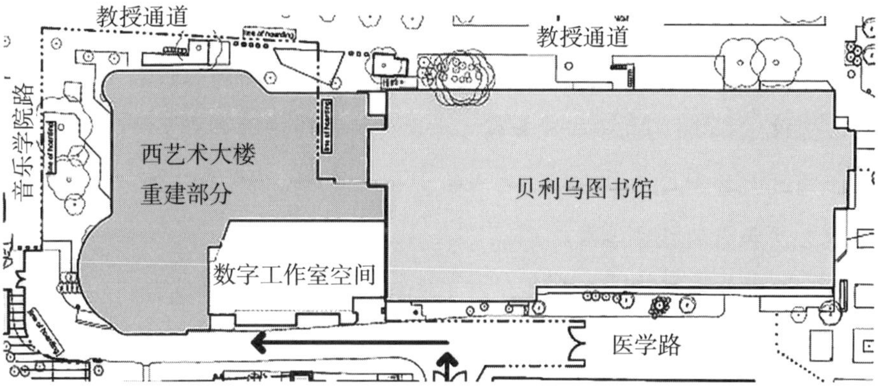


图11-1　数字工作室在贝利乌图书馆和西艺术大楼之间的空间

合作一开始，数字工作室就在行政上被确定为属于艺术学院，它将负责预算管理，空间的规划与开发、使用和运作。因此，大学图书馆的贡献需要与学院的目标保持一致，学院将数字工作室作为进一步推进其学术、研究和教学组合的手段。虽然大学图书馆与数字工作室——包括研究和收藏以及学术信

息——在概念上的联系是很明显的，他们之间在实际上的整合尚不明确。此外，数字工作室需要确定与图书馆和学院以外的其他领域的联系，要确定并利用这些领域对数字工作室的贡献。为了解决这些问题，我们召集了一个工作小组，并组织了一个初步的研讨会，强调了广泛的兴趣、关键项目和利益相关者。

双方于2015年4月展开合作，举行了一系列会议和研讨会，最初重点关注研究兴趣，后续讨论数字工作室的服务范围。会议和工作坊的特色包括：艺术学院学术和行政人员的代表；大学图书馆的高级职员和服务经理；学术研究中心（ESRC）和社会与文化信息平台（SCIP）的工作人员；以及IT服务和架构师团队的代表。研讨会协商的依据是对当前大学环境的审视，以及国内和国际数字人文实验室、数字学术中心和人文中心的基准评估。

这使得数字工作室的目标清晰地表达出来，其定义如下：

· 提高数字人文研究的可见度，翻译和传播其影响。

· 促进研究人员、专业专家和行业之间在数字人文研究领域的合作，作为建立规模性研究的机制。

· 在HASS学科和馆藏之间建立更强的研究与研究培训的联系。

· 为HASS学科的电子研究和数字学术发展领域提供专家支持。

· 通过大学和行业专业知识之间的变革性合作，创建改进的或者创新的数字研究方法和新的数字学术。

· 汇集最先进的设备和服务，以支持其用于研究创新和实验。

· 允许HASS学科的研究人员使用通过其他方式无法获得的数字技术进行创新。

研讨会进一步具体化了数字工作室作为数字人文研究“中心”的作用和位置，其总体目标是为来自大学的研究人员、行业合作伙伴和专家人员创造一个可识别的空间。因此，数字工作室的重点是向更广泛的受众推广和交流数字人文和数字学术领域的研究成果，以及支持和促进通过各种参与和研究翻译平台展示了强大研究影响的数字人文项目。

根据利益相关者的意见，大学图书馆和艺术学院之间的合作明确了数字工作室的一些预期成果，其中包括：

· 在院系研究和大学馆藏使用之间建立更紧密的联系。

· 通过实时数据环境产生的创新，提供新形式的分析、实践和方法。

· 提供视觉和空间技术以及“环境解释”在深度学科研究中的机会。

· 加强交叉和跨学科的研究努力，提高研究影响，加强HASS研究的可视性。

· 更多地访问数字对象和图像，创造机会以新的和创新的方式查看材料。

· 资助研究数字管理和保存要求的技术和策略。

· 在单个虚拟空间中汇集不同数字信息的范围。

· 支持在线研究开发和协作的技术。

· 通过互动技术加强学生学习和研究培训的新机会。

## 11.3 合作细节：功能设计考虑

从设计和开发的角度来看，数字工作室空间重视将协作和跨学科研究作为设计和提供服务的关键要素，重视能够提供与数字人文和数字学术相关的量身定制的建议，设计任务为空间开发提出了三个要求：

· 为研究项目提供占用空间以及使用设备和服务的机会，以加强项目发展，并在研究、实践、创新和研究转化之间创造新的协同效应。

· 通过展览和示范空间提高数字人文研究和实践的知名度和覆盖面。

· 包括开发空间和咨询室，用于数字学术和电子搜索服务，以及尖端技术的实验，如数字取证、虚拟和增强现实，以及基于游戏的研究。

数字工作室超过两层的空间安排表明，上述设计任务可以通过每层的分组和分配功能来满足。其中一层的特点是安全、受控的通道，没有穿过其他建筑的走道，将为特定的数字人文项目提供灵活的研究和项目空间，以及咨询和实验室。凭借在访问控制环境方面的经验，图书馆在设计这种空间安排方面的贡献有助于确定隐私、安全和降低噪音水平的最佳解决方案。第二层是公共通道，在西艺术大楼和贝利乌图书馆之间提供通道，可以更好地容纳展览和演示，以提高工作人员、学生和游客这些不同人群的可见性和参与感，同时，让数字人文研究、收藏、教学和研究之间的关系变得清晰可见。同样，图书馆在创建展览方面的经验为数字工作室的设计和开发提供了信息。

考虑到这些，建筑师明确了七个关键的设计考量，以指导建筑师团队提供合适的设计，即：

· 灵活性：空间、技术和基础设施必须考虑到双重或多重使用功能，灵活性是一个关键的设计原则。设计中的灵活性将增强使用，并确保空间可以轻松修改以适应其他使用功能。该空间应能够容纳：协作和个人研究；为技术和数字基础设施提供空间；教学和科研培训能力；协作和会议能力；展示和/或项目可视化；其他参与活动，如示范。场地应能适应不定期的设备更换。

· 创新：空间的形式和功能必须促进、启发和允许内容的变革使用，从而导致创新研究和/或开发与学术材料相关的新工具。这将优先于电子内容的被动使用。技术的选择将平衡创新和多种用途，以确保它们的持续使用和研究人员、学生、访客和空间之间的持续参与。创新可以采取“贝塔空间”的形式，研究人员测试和分析由其他大学领域［如计算机科学或墨尔本加速器计划（MAP）］或通过专业行业参与产生的贝塔软件，以帮助定制软件来满足研究人员的需求和新的研究尝试。

· 技术：设备和软件应该在技术范围内提供，从尖端技术到落后技术，这些技术可能与面向研究对象的使用效果提升相关。在实验的背景下，完整和实时可用的开源数据对于鼓励研究人员探索和分析新的方法将是有价值的。应考虑在一段时间内和/或为特定项目将技术带入空间的能力。

· 协作：空间的形式应能够促进协作和伙伴关系，以促进和加强关系，促进大学校园与其他部门组织（特别是文化和技术部门）之间的联系，旨在实现HASS学科的研究、教学和学习目标。应考虑与数字人文学科领域的主要组织建立伙伴关系。

· 安全性和访问：该空间将提供从开放到安全的访问尺度，以适应围绕技术和敏感资源的不同级别的安全要求，以及从西艺术大楼学生学习空间到贝利乌图书馆的安全空间的过渡。

· 馆藏和数字人文：数字人文实验室位于西艺术大楼和贝利乌图书馆三层之间，创造了一条自然的通道，将特殊馆藏阅览室纳入空间。数字人文研究的一个关键焦点是馆藏，阅览室空间的物质性之间的协同作用，通过数字空间，并延伸到西艺术大楼的教学环境中，创造了一个清晰而引人注目的研究开发和转化故事，这有可能通过额外的再开发实现价值最大化。

· 跨学科研究：该空间应提供用户驱动和专业驱动的软件和硬件的组合，以鼓励研究人员的明确使用，以及潜在的实验，特别是鼓励跨学科实验。

## 11.4 合作细节：服务提供和交付模式

大学图书馆在数字学术、数字化、数据管理和取证、研究存档、馆藏发展、社会和文化信息学以及图书馆联络服务等“传统”图书馆服务方面拥有专业知识和人力资源，能够为建立数字工作室的目标提供建议和意见。在研讨会上，图书馆提出并协商了一些数字工作室应该纳入的措施和规定，这些措施和规定使图书馆的数字服务能够纳入学院的数字人文研究和教学。

因此，数字工作室由来自研究、收藏和学术信息的图书馆工作人员提供支持，提供专业知识，从事数字学术，并支持数字环境中的研究工作。通过这种合作，数字工作室可以提供服务和支持，从信息和介绍会议，到深入的数据咨询和指导使用工具和专用设备。这些服务包括[1]：

· 在创新社会技术方法方面的深厚专业知识。

· 收集、管理、再利用和策划数字研究成果的实践和协议。

· 为文档打标签并存档。

· 数字化服务。

· 数字取证。

· 链接HASS研究数据的方法、协议和可持续工作流程，以便将其从休眠

[1] 有关完整列表，请参阅 Digital Studio 服务

的、不可访问的资产转换为活跃的、可重用的研究组件。

·（一级支持）服务点——线下或线上——提供有关服务和支持的参考资料和信息。

· 研究咨询（可预订空间）——社会信息学家，大学档案馆，ESRC，联络型图书馆员（研究型）。

· 参与、伙伴关系和合作——嵌入研究项目中，与研究人员一起工作，以最大限度地提高成果——通常是社会信息学家和研究档案保管员（行动中的研究）。

· 培训和研讨会（教学）。

· 自助服务，例如数字化设备和在线资源。

· 参与，例如，通过展览建立联系。

数字工作室于2016年10月启动，在撰写本文时仍处于建立阶段。随着设施和合作的成熟，预计大学图书馆将提供以下服务目录，使数字工作室成为研究的目的地：

· 在SCIP社会信息学家和联络型图书馆员（研究型）的数字工作室登记时间。这可能是作为流动资源或在特定研究项目的研究社区空间工作。

· 在数字工作室提供的空间内进行研究和其他咨询。

· 在数字工作室内安排艺术和人文专业的培训和活动，以促进数字人文工作和跨学科的联系。

· 安排特定主题的专家资源，如“顺便看看”支持和促进实践社区（例如数据日）。

· 最大限度地发挥技术和可用空间的潜力，将人们聚集在一起进行虚拟（和物理）的研究项目会议。

## 11.5 数字工作室合作的机会和好处

大学图书馆和艺术学院在这个项目上的合作不仅为数字工作室，也为每个合作者创造了机会和利益。上述设想的服务清单证明，将图书馆服务置于数字人文和HASS环境中，图书馆可以在墨尔本大学内外的现有用户群之外，向更广泛的受众增加其服务的可见性。反过来，这可以为图书馆在数字学术和数字人文领域的能力和能力建设规划以及新服务的定义提供信息。

对于HASS研究人员来说，图书馆和学院之间的资源共享意味着他们可以从嵌入式支持中受益，这是根据他们的学科和研究需求量身定制的。数字工作室合作的性质将研究机构和服务组织的风格融合在一起，为HASS研究人员将最先进的数字方法纳入其资助提案和研究实践铺平了道路，并提供了支持数字环境中工作的专业人员和空间。进一步扩展，这允许具有专业技能的图书馆工作人员和学者建立研究伙伴关系，超越传统的客户服务模式。

对于大学这一机构来说，数字工作室项目显示了学术和专业领域之间的合作是多么富有成效。虽然该设施的行政和管理由艺术学院负责，但高级图书馆行政人员和相关的图书馆服务经理是数字工作室指导委员会的成员，因此在战略和运营，指引方向和投资方面做出贡献并提供建议。更广泛地说，这种合作为其他机构提供了在墨尔本获得的经验，作为案例研究和开展类似努力的指南。

## 11.6 数字工作室合作的挑战和经验教训

如此规模的项目，难免会遭遇挑战。我们认为报告数字工作室发展的挑战超出了本文的范围，于是转而将重点放在合作本身所遇到的问题和障碍上。我们遇到的最突出的挑战，也是在任何合作中最常被提及的挑战之一就是：有限的时间和资源，这一挑战因组织和指导一大群利益相关者的困难而更加突出。参与策划和拓展数字工作室的图书馆职员，在维持其服务正常运作的同时，亦投入大量时间阅读文档、研究设计文件、提供咨询和意见，以及制订和阐明工作室的目标和要求。虽然绝非棘手，但管理这一过程和处理额外的工作量需要所有利益相关者事先进行规划和承诺。

明确界定合作范围和目的的重要性再怎么强调也不为过。作为墨尔本大学前所未有的新尝试，数字工作室的经验突出了两个相互关联的挑战：首先，理解项目和合作的边界，以便最大限度地减少范围蔓延（Scope Creep）和偏差；其次，数字工作室的合作挑战了一些关于HASS研究行为的“传统规范”，以及图书馆在提供数字创新服务方面的角色。来自利益相关者和设计师的常见误解是关于如何进行数字人文研究——这被视为一项单独的活动，对社会交流的要求有限，以及图书馆服务——被视为主要以交易为基础，而不是以关系和创新为基础。我们从这次经验中了解到，与多个利益相关者合作需要主要项目合作者在咨询、消除歧义和澄清、解释术语以及明确角色、流程和责任方面投入大量时间。

一个密切相关的挑战是将合适的人聚集在一起，以发挥数字工作室的潜力，他们将理解项目的使命和愿景，同时邀请代表更广泛社群的利益相关者提供建议和意见，这些利益相关者可以与数字工作室进行交互。

在数字工作室合作期间，我们面临的最后一个挑战是根据成本和预算现实来管理愿望。这里的挑战不在于愿望本身；毕竟，数字工作室代表着大规模的创新努力，需要被激发和鼓舞。挑战在于为可能由于预算限制而无法实现的一些愿望做好准备，并在合作的早期阶段优先考虑这些愿望。

## 11.7 结论

在这段合作之旅中，既有挑战，也有机遇。这一过程是互利共赢的，这一点可以从研讨会上强有力的对话，以及学术视角对概念和设计的价值得到证明。特别是对图书馆来说，它提供了一个宝贵的平台，让人们更清楚地了解它在数字环境中提供的专业知识和服务的广度，以促成研究成果。

随着2016年10月数字工作室的交付，这一阶段在形式和功能上的合作结束了。然而，关于如何激活空间、提供服务和支持并使其成为数字人文学科的目的地，这种关系、参与和对话仍将作为“伙伴关系”继续进行。

# 第12章

# 阿尔托大学学习中心的服务设计和协同设计工作

艾尔拉·雷默

阿尔托大学，芬兰埃斯波

## 12.1 阿尔托大学和阿尔托大学图书馆

阿尔托大学成立于2010年，由赫尔辛基艺术与设计大学（成立于1871年），赫尔辛基经济学院（1911年）和赫尔辛基工业大学（1849年）合并而成。

阿尔托大学在赫尔辛基和埃斯波两个城市设有三个校区，由六所学院组成：艺术、设计和建筑学院，商学院，化工学院，电气工程学院，工程学院，以及理学院。到2021年，阿尔托大学将逐步将其业务集中到埃斯波奥塔涅米的一个校区。

2015年的一些数据：

· 员工4500人，其中教授400人。

· 外籍学术人员的比例约为30%。

· 在校学生20000人，其中博士生3500人。

· 博士学位256人，硕士学位1967人，学士学位1661人。除此之外，还有MBA或EMBA毕业生310人。

· 共有8.5万名校友。

截至2016年秋季，每个校区都有一个校园图书馆。在2016年夏季和秋季，校园图书馆阿拉伯（艺术校区）、奥塔涅米（科学和技术）、工作（商业）和建筑学系图书馆搬到了奥塔涅米科技大学的前图书馆。联合图书馆更名为学习中心，并于2016年10月31日向公众开放（图12-1）。

图12-1 阿尔托大学学习中心（图片来源：Eila Rämö）

图书馆用户的需求和期望发生了很大的变化。流通活动减少，电子资源的供应和使用成倍增加，学习和工作空间的使用方式也发生了变化。与此同时，旧的图书馆建筑已经到了技术寿命的尽头，需要进行翻新。

在设计过程中，图书馆和大学的工作人员以及用户都有一个共同的意愿，要以一种新的方式翻新这座建筑。由建筑师Alvar Aalto设计的图书馆大楼进行了非常彻底的翻新。为了满足用户和图书馆工作人员的需求，图书馆的建筑被重建为现代化的，仍然保留了有价值的遗址。

学习中心的规划分为三个部分：

服务设计：

设计师：Kuudes Kerros

服务设计最终报告：2014年1月15日

建筑设计：

基于服务设计结果

设计师：Architects NRT

概念规划阶段：2014年3月27日

室内建筑：

基于服务设计结果

设计师：JKMM Architects

室内建筑概念规划阶段1

2014年4月

## 12.2 服务设计共创阶段

服务设计没有单一的定义，但它是一种跨学科的方法，结合了各个学科的不同方法和工具。

"服务是我使用但不拥有的东西。因此，服务设计就是塑造服务体验，让它们真正为人们服务。去掉那些让它们显得令人沮丧的凹凸，然后添加一些神奇的东西，让它们变得引人注目。"设计委员会的首席设计官Mat Hunter说（Design Council, 2015）。

服务设计旨在确保服务接口从用户的角度来看是有用的、可用的和可取的，从供应商的角度来看是有效的、高效的和独特的（Mager, 2009, p.34）。

服务设计是通过设计进行服务创新、开发和规划。一个全面的方法可以应用到个人服务和完整的服务产品，以及公司战略和运营模式的发展（ED Design, 2017）。

为学习中心设计服务是一项具有挑战性的工作。服务设计项目在阿尔托大学学习中心准备对用户开放之前大约3年就开始了，这意味着设计必须向未来迈出相当大的一步。其目的是为新的学习中心创造一个整体的服务概念，并让最终用户参与其设计。设计咨询公司Kuudes Kerros被选中领导服务设计项目。

**服务设计方法**

通过区分图书馆不同的用户群体及其需求，开创了新的服务理念。三个服务设计团队由阿尔托大学的学生、研究人员和图书馆工作人员组成。在设计师的监督下，团队广泛采访了大学生和工作人员（Danielsson, Hirvensalo, Kupiainen, & Fredriksson, 2014, p.17）。

受访的目标群体有：

· 阿拉伯、奥塔涅米和工作校区的学生。

· 研究人员。

· 工作人员。

· 校友。

· 教师。

· 企业合作伙伴。

服务设计团队开始熟悉校园的日常生活。起初，他们试图对用户群体与服务之间的关系视而不见。他们问了一些问题，比如“你在校园里的日常生活一般是怎样的？”以及“你在什么时候觉得自己真正学到了东西？”他们从一般的事情开始，随着采访的进行，他们逐渐识别出目标群体日常生活中重复的事情。他们特别关注今后学习和工作的性质，这将构成学习中心的战略。

最终，从图书馆用户中确定了六个群体。最大的一组，也就是学生，被分成三个不同的组（“万事通”“群居动物”“独狼”）。起初，在采访学生时，团队发现了阿尔托大学各学院之间的差异，但最终他们意识到，如果学习中心要实施大学的战略，他们就不能像现在这样对待用户。因此，研究人员根据学生的行为将他们分成了三组。构成设计基础的其他群体是教师、研究人员和企业客户（Danielsson et al., 2014, pp.17–30）。

在阿尔托大学的三个校区进行了近200次面试，其中大多数是简短的，有些是冗长的。通过这些面试，我们发现了几个用户需求。随着访谈的进行，各团队开始构想学习中心真正的竞争环境。他们明白，学习中心将与其他几家竞争对手争夺用户的时间和注意力。

除了服务设计项目，我们还与大学的其他服务单位进行了合作访谈，以了解他们对学习中心活动的愿望。这些访谈是由图书馆工作人员组织的。

以访谈为基础建立的用户档案充当发展服务概念的框架。

## 12.3 服务承诺和学习中心的新服务

服务设计项目为学习中心提出了雄心勃勃的服务承诺："同心协力，成就世界一流"，并提出了一种新颖的服务理念，包括根据客户需求提供的在现有服务之外的新服务。

服务承诺由四个部分组成（Danielsson et al., 2014, p.11）：

· 信息和学习——信息资源的交付，这是图书馆的基本服务。

· 工作服务——支持单独或小组工作的服务。

· 事件和网络服务——支持事件和网络的服务。

· 个人生产力和学会学习——支持个人生产力的服务。

服务设计项目也承认了新服务对员工工作角色的影响，并描述了将新服务付诸实践的路线图（Danielsson et al., 2014, pp.71–77）。

### 12.3.1 从MOOC教室到科学与艺术广场

作为服务设计项目的结果，最终报告中总共描述了23项新服务。在这里，我将简要列出一些服务（Danielsson et al., 2014, pp.36–70）。

#### 12.3.1.1 支持学习的服务

无障碍学习空间/MOOC教室（现在称为Videostudio）：教师或学生可以在这里录制讲座或编辑材料，学生可以在这里使用学习环境和MOOC一起学习。

定制您自己的工作场所：学习中心的大部分空间是按照这样一种方式规划和布置的，即可以根据不同的需求轻松定制。

#### 12.3.1.2 社交空间

校友和教师休息室（现为多功能厅）：校友、教师、研究人员等可以见面、放松的空间。

咖啡厅/餐厅/露台：所有人的聚会场所。

#### 12.3.1.3 工作空间

洞穴房间（现在是半静谧的空间）：没有人或任何东西可以打扰的房间。

会议空间（S、M、L、XL）：可根据团体大小需求定制的房间。

12.3.1.4 媒体服务及空间

3D打印天堂：学习3D打印技术和打印的可能性。

视觉资源中心：影像收藏、影像数据库、档案服务；数字化图像和借用不同设备的可能性。

12.3.1.5 事件空间

科学和艺术广场：阿尔托大学各学院的项目、产品、研究、艺术和设计的陈列室。

### 12.3.2 区域和相遇

设计咨询公司Kuudes Kerros设计了一个初步的空间模型。根据该模型，学习中心的隐私区在公共、半公共和私人的基础上进行了定义。在这些区域中，也有不同的音景。员工工作区域也有分区：有开放、共享或命名的工作空间。用户不能进入员工的私人办公室，但他们可以在半公共空间进行交流。此外，学习中心的员工可以在用户区域工作。主要信息点将顾客从学习中心的大厅引导到不同楼层的信息点（Danielsson et al., 2014, pp.84–98）。

## 12.4 新空间，新服务

### 12.4.1 空间中的服务设计

当服务设计项目完成后，继续进行空间设计工作，编程架构师将服务分配到可用的空间中。与此同时，对Alvar Aalto设计的历史建筑允许进行哪些变化进行了调查。室内设计方案在2014年春季完成（图12–2）。

上层（第二层）仍然是永恒的，体现了Alvar Aalto的理念。原始的图书馆氛围被保留了下来，主要的印刷收藏品就在这里。一楼的大堂借鉴了酒店大堂的特色。大厅里有主要的展览空间、休息区和主要的问讯处。在一楼，你还可以找到咖啡厅、视觉资源中心、可预订的房间、馆藏（课程书籍、研究方法）、一个可以安排研讨会和会议的区域，还有一个每天24小时都可以入住的空间。这一层是学习中心最热闹的地方。

根据建筑图纸的建议，拆除了两层地下室之间的楼层。这提供了从地下室到一楼的视野。地下室设有玻璃墙的媒体室、一些收藏品、工作空间和用于安静集中注意力的洞穴空间。底层提供了一起学习的休闲空间。与二楼形成对比的是，这个空间远离了传统的图书馆环境。空间和家具的关键是它们应该激发和鼓励创新思维。

图12–2 阿尔托大学学习中心二楼
（图片来源：阿尔托大学/ Tuomas Uusheimo）

当人们从二楼走到学习中心的地下室时，自然光线减少，室内设计变得更加随意。在较低的楼层，色彩的作用也得到了加强。

阿尔托大学的活动以无数种方式展示在建筑的不同部分，从智能墙和艺术装置到利用传统展示柜和互动屏幕的弹出式展览（图12–3）。

### 12.4.2 新服务

在阿尔托大学图书馆，我们决定了服务设计报告中概述的哪些服务需要进一步开发。我们还为每项服务指定了一名图书馆员，他的职责是在2014年底前召集一群人（同事、学生、员工等）来完善服务。2015年1月，我们开始测试一些新服务。2016年6~10月，当校园图书馆及其员工和馆藏搬到学习中心时，大量的新服务被添加到学习中心的组合中。

我们并没有执行服务设计报告中提到的每一个想法，也没有在2015年秋季/2016年春季进行测试。其中一些想法改变了一些，其他的想法进一步发展。比如我们没有在报告中提到的超级数据室或者Beta教室。学习中心没单独的展厅，但有几个展览空间，且从开放以来，每个空间都有展览。还有一个多功能的Tori（广场）和创客空间——一个会议区。在这些空间里已经组织了许多研讨会和活动。与我们自己的3D打印服务不同，2017年1月，一个名为Fablab的单位从阿拉伯园区搬到了我们的办公地。这意味着现在提供的服务范围比以前要广泛得多。制造实验室（FabLab）是一个支持数字制造的小规模车间。它为这里活动、培训和指导提供不同的使用设备：3D打印机和扫描仪、切割机、计算机数控（CNC）机床和CAD工作站。这里也有手工工具和材料供应。

图12-3 阿尔托大学学习中心地下室和一楼
（图片来源：阿尔托大学/Tuomas Uusheimo）

### 12.4.3 视觉资源中心

学习中心的一项新服务是视觉资源中心（VRC）。作为阿尔托大学学习中心信息技能的一部分，VRC支持视觉素养技能的学习。视觉素养技能包括发现、评估和合乎道德地使用和制作视觉媒体的能力。

VRC提供的信息来源是数字和印刷的视觉材料，用于学习、项目、论文和学位论文，研究和寻找灵感。VRC服务帮助用户从各种主题和学科中找到高质量、真实和最新的视觉信息源。VRC还帮助用户找到与阿尔托大学的历史和活动相关的视觉材料。

信息服务提供查找和使用视觉信息的指导，并协助解决与图像使用相关的问题，如引用和参考文献以及许可证的使用。信息服务在临时会议期间免费开放，或者用户也可以预约。

VRC空间向学习中心的所有用户开放。该空间是一个专门的工作空间，用于图像编辑、自助扫描、使用印刷或数字媒体、观看和借用学习中心收藏的DVD等活动。该空间可用于单独工作或小组工作。这里也有展示物理或数字项目的展览空间。VRC还向阿尔托大学的所有学生、研究人员和工作人员提供免费的培训活动。VRC每周约有190名用户，已成为一个受欢迎的合作空间，也可灵活用作视觉素养培训的学习空间（图12–4）。

**图12–4 阿尔托大学学习中心，视觉资源中心**

**（图片来源：Marika Sarvilahti）**

## 12.5 为什么是服务设计？

服务设计项目为学生和工作人员提供了一个机会，让他们以更深入的方式和更长的时间参与到学习中心的规划过程中，而不是只做几个用户调查。也许我们的客户也通过这次经历对大学图书馆的多功能工作有了新的了解。

除了利用以用户为中心的设计方法，服务设计项目还为图书馆员工提供了一个机会，让他们对未来可能的服务进行思考。该项目以更广泛、更深入的方式让图书馆工作人员参与进来。借由设计师的经验，我们能够以有趣的方式将我们专业的当前趋势与部门的实践相结合。此外，与用户、学生和工作人员的密切接触帮助我们改进了服务。虽然大多数新服务的想法来自图书馆工作人员，但如果没有设计咨询公司，将这些想法付诸行动将会更加困难。服务设计项目也为建筑师和室内建筑师的角色提供了帮助。

在这个过程中，一些忙碌的工作人员表达了这样的意见："这是浪费时间吗？最终你还是无法实现这样或那样的服务。"当然，我们不可能实现每一个想法。建筑本身施加了一些限制，有好的也有坏的。该建筑是Alvar Aalto的后期作品之一，是奥塔涅米校园的重要建筑。它的位置非常中心，其建筑是整个校园的重要组成部分。该建筑作为Alvar Aalto校园的一部分受到保护。该建筑是为图书馆而设计的，但当时的图书馆与目前学习中心的需求大不相同。学习中心的新理念强调了支持学习的重要性，正如今天所解释的那样。这是贯穿整个学习中心的主线，也是服务设计项目的主要理念。书籍的数量现在急剧减少；取而代之的是更多的学习、密集工作、休息和娱乐的空间。该建筑还提供了组织研讨会和各种活动的空间，并作为整个大学的展示。我们从客户那里得到的评价是："多么美丽、鼓舞人心的空间！"

在服务设计项目中密切合作，令人惊讶的是，在很短的时间内，设计咨询公司取得了成果，并实施了学习中心进一步规划的想法。现在，我们正在为学习中心制订一个营销计划，以便接触到所有在奥塔涅米校区周围工作和学习的客户，以及其他校区的客户。

# 第13章

# 学术图书馆和研究办公室：为伦敦帝国理工学院提供学术交流支持——个案研究

露丝·哈里森

帝国理工学院，英国伦敦

## 13.1 引论

伦敦帝国理工学院的图书馆，像所有的研究型图书馆一样，一直为研究人员提供支持，但主要是通过提供资源和专业学科建议，这是我们的“传统”使命。几十年来，各院系的研究人员一直得到学科或联络型图书馆员网络的支持，后者的作用主要集中在馆藏发展、信息咨询、专业培训和信息素养教学上。在英国和国际上，图书馆为学术交流提供的服务，被ACRL定义为“学术成果被创造、注册、评估、传播、保存和重塑为新学术的系统”（Association of College and Research Libraries. Working Group on Intersections of Scholarly Communication and Information Literacy, 2013, p.4），这种服务已经成为一个重要的、具有挑战性的、相对新颖的、偏离我们预期的角色。这一转变的主要驱动因素是开放获取出版、替代计量和传统文献计量学、开放科学的增长，资助者政策的同步增加影响了研究成果的提供方式。国家研究评估工作、改进的机构出版管理以及多样化快速增长的机构知识库也促成了图书馆研究支持策略的变化。

同样，学院的研究办公室确保了有效的管理和到位的合规程序，以便学院能够确保其正常职责得到遵守。在2012年之前，两者之间的主要联系是威康基金会（Wellcome Trust）的开放获取资金：由图书馆的一名工作人员管理，并由研究办公室返回报告。然而，研究支持比仅仅提供期刊和合规报告要广泛得多。

与许多机构一样，推动双方更紧密合作的是英国学术委员会（RCUK）在2012年宣布的开放获取政策。当时，在帝国理工学院，经过大量的谈判和辩论，学院批准了一项开放获取授权，从2012年1月1日起适用。作为图书馆服务部门的新角色，我曾认为协调沟通和宣传资料将是我的主要挑战。在RCUK宣布之后，图书馆和研究办公室很快意识到，管理RCUK的整体拨款和政策遵从性将是一项更大、更广泛的责任，我们现有的任何一个团队都无法承担。各部门主管和高级管理团队认识到，合作将为两个部门和学院带来巨大的利益，这一点至关重要，因为这是分享知识和员工专业知识的机会。

由于我和研究办公室都没有足够的资源来确保在2014年初（RCUK开放获取政策将适用于出版物的日期）之前实施学院范围的支持系统，因此决定任命一位项目经理，向研究办公室报告，协调图书馆、信息和通信技术（ICT）部门和研究办公室之间的活动。有先见之明的是，随着HEFCE在2014年后REF开放获取的政策于2015年公布，这一任命使我们相比以往能够更好地扩展我们的开放获取服务。

## 13.2 伦敦帝国理工学院

该学院是一所研究密集型机构，经常在大学排行榜上名列英国高等教育机构前3名和国际高等教育机构前20名。它的研究专业和院系集中在科学、工程、技术和医学以及帝国商学院。近4000名研究人员在学院部、研究所和学校工作，每年的期刊文章产量维持在10000项左右。人文科学和社会科学在本科生的跨课程课程中得到支持，学院也有完善的科学传播理学硕士（MSc）学位，但这些学科的研究成果很少。很大比例的研究经费来自英国研究委员会，以及行业和政府合作，学院以其卓越研究框架成果而自豪。

在引入学院的OA授权时，我们采取了一个积极的举措来支持它：学院的高级管理层迅速意识到资源和管理的必要性，这始于一个开放获取基金机构的设立。然而，我们目前收到的唯一一笔支持机构存储库Spiral，以及对APC（文章处理费）申请的处理的资金，分散在许多图书馆团队和学院的ICT部门。这是一项非常分散的服务。在2014年之前，这些员工都不在我的教育和研究支持团队（2015年夏天更名为学术交流管理团队）中，也没有一名是全职的，所以我们根本不适合扩大任何类型的开放获取支持。

上述所有因素对RCUK开放获取政策实施后的支持部门施加了相当大的压力，也给HEFCE随后宣布在2014年后REF开放获取的政策施加了相当大的压力。迄今为止，基金开放获取政策主要要求获得特定研究产出：期刊文章和会议论文集。鉴于到前者是学院大多数研究人员产出的主要选择，我们必须确保尽可能广泛地传达政策变化及其支持，同时为研究人员和支持人员创建用户友好、高效的基础系统。

## 13.3 加强开放获取服务的早期规划

研究如何监督我们的学术人员遵守学院开放获取授权，很快就变成了研究如何沟通和促进RCUK政策、管理整笔拨款和监督学术人员遵守规定。图书馆一直与我们所有的部门和学术人员保持着牢固而有价值的关系，理解学术工作流程和出版过程也一直在我们的职权范围内。这种关系的关键是图书馆在支持研究人员的其他中央服务中相对独特的中立角色，这些服务通常被认为是为了制造更多的官僚主义，分散他们对“真实”工作的注意力，即进行研究。因此，利用这一点作为我们的优势，为合规提供建议和支持，是我们研究支持服务的明显延伸。然而，如果没有与研究办公室的紧密联系，这是不可能成功的，如果研究办公室没有意识到合作的好处，我认为合规活动对所有人来说都会相当困难和令人沮丧。

开放获取项目背后的主要目标，以及随后与学术交流相关的活动，一直是为学术人员提供尽可能简单有效的系统。这意味着减少学术人员为遵守基金开放获取政策而发生交互的节点，以及使系统设施对于学术人员和管理程序合规的支持工作人员都是用户友好的。要做到这一点，项目经理的主要任务包括协调系统的精简、APC申请程序、RCUK政策以及随后的HEFCE在2014年后OA政策的沟通和推广，并向学院高级管理层报告并保证我们可以在制度上实施必要的流程以确保合规。任命这一职位，意味着学术交流支持范围得以扩大，包括图书馆和研究办公室在开发ORCID iD支持、RDM（研究数据管理）服务和持续的联合交流战略方面的合作。

值得注意的是，学院对开放获取出版的重要性的认识，使我在图书馆管理的支持团队得以扩大，这意味着我们的重点仍然是在该团队中为图书馆和学术人员建立一个更为综合的OA支持和咨询服务，同时知道正在有效地开发系统和基础设施以实现这项服务。

## 13.4 通过合作实现的举措

### 13.4.1 ASK OA APC管理系统

2012年，管理金色OA基金是一个可以理解的重点——学院有三个，RCUK、COAF（慈善开放获取基金）和慈善机构——因此简化学术人员的APC申请流程是该项目的主要活动之一。三份基金申请表格必须合并到一个申请点，以便工作人员能够使用他们的学院证书登录。我们需要工作人员代表学术人员提出申请，希望减少申请人必须输入的个人信息的数量，最重要的是希望能够向申请人显示唯一的资助信息。对于管理申请的团队，我们希望有一个用户友好的界面，可以管理APC申请过程的各个方面，包括财务信息的记录、与申请人的通信以及报告。在高等教育机构中，APC申请产生的所有信息都被费力地输入无数的Excel电子表格中，这是很正常的，所以最小化的活动是非常理想的。

其结果是一个APC管理系统，ASK OA，它基于云查询管理软件Service-Now，与嵌入学院的CRIS（Symplectic Elements）的存款工作流相连接。学术人员登录Elements，这是学院唯一可以集中管理其出版活动的系统，并提出APC

申请，无论他们是RCUK还是COAF资助的，或是希望使用机构APC基金支付非混合开放存取费用。他们必须输入的信息是最少的，所有的申请信息都被转移到APC管理系统。这是通过将人力资源和我们的助学金管理数据库的数据源相结合，使用Symplectic功能和大学身份验证实现的。

### 13.4.2 结合绿色和金色工作流

通过使我们的APC应用系统与Elements同步，图书馆OA团队管理的绿色和金色开放获取工作流程现在更加顺利地结合在一起。学术人员一直必须使用Elements将手稿上传到学院的存储库Spiral，并且通过合并前面描述的APC应用程序和存储接口，所有相关的开放获取信息都可以从一个地方传递到我的团队，无论是APC应用程序还是全文项目。虽然这是一个相对较新的支持基础设施，于2015年5月推出，但我们相信单一用户界面的好处，学术界的反馈也非常积极。

### 13.4.3 ORCID iD项目

监控学术活动的核心是标识符，无论对于合规、分析、报告、理解影响、跟踪合作还是传播来说。我们总是面临着“知道”的难题——知道我们的学者在写什么论文，这些论文什么时候成为出版物，何时被录用，谁是与之合作的学者，论文在哪里发表、收录和引用。图书馆和研究办公室很早都意识到，使用ORCID iD可以更有效地捕获数据，以建立我们对这些活动的了解，并且在项目经理的带领下，学院参与了2014年Jisc ORCID试点，我们是英国首批向所有学术人员批量发放ORCID iD的机构之一。以这种方式分担项目负荷意味着通信技术和图书馆的资源可以分别集中于所需的技术执行和通信活动，而项目管理则由研究办公室负责。这种分工为图书馆提供了坚实的基础，使图书馆能够继续从我的团队内部获得建议和沟通，进一步推广ORCID iD。因此，研究办公室的理想角色应该是与资助者和其他需要ORCID iD的相关组织合作。

### 13.4.4 开放存取出版管理

开放存取出版小组负责支持该计划，并监督支持基础设施、通信和服务的发展，该小组由学院的高级学者、图书馆服务主任和研究办公室主任组成，并由学术通信干事提供支持。最初的重点是金色开放获取政策的管理，在过去的三年里，向小组提供的报告和证据意味着图书馆服务部在建立资源可用性方面得到了很好的支持，以提供金牌和绿色OA服务，并确保开放获取出版仍然是整个学院的战略重点。

### 13.4.5 通信策略

如果没有通信，为建立这一基础设施而进行的所有活动都将被浪费。很明显，图书馆服务的角色不是强制执行，尽管如此，图书馆服务部门的职责并不是强制遵守规定，而是利用联络型图书馆员网络和图书馆在学院内的关系，这意味着可以在这些互动中建立各种OA政策的沟通。作为合规方面的协助和开放获取方面的建议，我们已经能够实施一项联合战略，其中图书馆服务主任和学术交流官员在高级管理层领导下就合规所需的行动发表演讲，图书馆的学术交流管理团队可以专注于为学术人员提供建议，而不会显得像“监管”他们的活动。

在沟通中值得注意的是，高等教育机构（HEI）的强大领导可能会对与最初预期不同的信息负责，或被视为负有责任，无论他们最初的角色是什么。如上所述，图书馆服务部门并没有提议为确保合规负责，但作为合规服务的提供者，在我们的倡导中，这或许是不可避免的。对于负责高等教育管理的部门来说，“合规”活动必须有策略地进行，向学术人员提供的信息必须是可衡量的和相关的。我继续明确表示，图书馆不应该要求员工遵守政策，也不应该成为唯一这样做的部门。因此，我们必须以研究办公室的关系为基础，将其作为与HEI其他支持部门合作的典范，以建立同样的信任和分享知识的能力，同时不会使每个部门所承担的责任不平衡。

### 13.4.6 RDM服务管理

随着开放存取服务发展的成功，以及类似的政策合规提示，学院的RDM工作组现在能够监督学院RDM政策的实施，该政策于2015年9月正式启动，主要由研究办公室和图书馆服务协助。2014年我的团队引入了一个职位，负责实施图书馆的RDM咨询和指导服务，为现在提高研究人员的支持水平奠定了基础，再次协调了研究办公室的相关学院支持服务。该职位可以管理、报告相关学院和资助者政策的遵守情况，同时了解到基础支持服务也在开发和提供中，以尽可能有效地帮助研究人员。

## 13.5 2016年之后

随着HEFCE政策从2016年4月1日开始实施，最近政府OA政策审查、RCUK中建议众多咨询小组，威康信托基金会加强合规执法活动，这些需要保持研究办公室和图书馆之间的合作。研究人员和学术人员需要继续了解资助者的政策，为他们指出可用的OA APC计划，并使HEFCE符合要求，这意味着图书馆可以加强其咨询和指导作用，使研究办公室能够在密切合作中保持其管理和保证作用。我们已经看到了HEFCE政策对资源建设的影响，图书馆已经吸收了大量有益的部分。这种情况很可能会持续下去，因为图书馆的工作在支撑研究人员工作流程方面具有重要意义。研究办公室在理解开放获取出版方面获得了相当多的知识和专业知识，而不仅是合规要求，服务之间的合作意味着许可，学院的主要管理团队和委员会上进行了学院自己的媒体、出版的作用及影响力的对话。

最重要的活动，特别是对学院而言，是我们的员工将如何遵守HEFCE的政策。缓和图书馆团队之间的潜在紧张关系，这些团队不负责遵守规定，但却是协助学者遵守规定的关键，这将是我们的优先事项之一。这就是“传统”角色仍然适用的地方，但经过了相当大的修改，并且与RCUK需求落地之前的情况相比，具有更好、更具战略性的一致性。

## 13.6 反思

这种关系并不总是完美的，有两个关键角色专注于提供跨学院的服务，这意味着有时根据我们所处的项目阶段，有不同的优先级。在项目的“领导”和基础服务方面，也有可能出现混淆，但定期沟通和角色澄清有助于尽可能清晰。通过使图书馆服务集中于建立人员资源和工作流程交付，项目经理角色可以领导建立跨学院关系，吸引学术人员，协调服务交付项目和会议。当然，促进了这两个部门之间的进一步了解，加强了图书馆服务在提供整个学院所依赖的研究支持服务方面的中心地位。

# 第14章

# 一个团队协作、研究成果收集、管理和报告的方法，为研究人员和大学社区提供增强的服务

凯瑟琳·马哈尔，苏珊·米基里维茨，珍妮·奎利安

南澳大学，澳大利亚南澳大利亚州阿德莱德

## 14.1 引论

随着大学努力提高效率，简化流程，并最大限度地提高研究活动的可见性和可及性，关键利益相关者在幕后合作，共同开发和实施易于使用、灵活多变、响应迅速的综合服务。研究成果库现在是南澳大学获取和报告研究结果和相关元数据的机构真实源（source of truth）。利用和集成现有系统的功能，通过创新地连接和扩展系统以产生定制服务，从而提高了参与度、可见性、数据质量和及时报告。

## 14.2 关于UNISA

南澳大学（UniSA）成立于1991年，但我们的基础可以追溯到19世纪下半叶。今天的南澳大学的前身包括成立于1856年的南澳艺术学院，1876年成立的几所教师培训学院中的第一所，以及成立于1889年的矿业和工业学院。南澳大学是在南澳理工学院和南澳高等教育学院合并后成立的。它拥有32000多名学生，是南澳大利亚州最大的大学，拥有在阿德莱德的4个校区和南澳大利亚地区的2个校区。南澳大学提供诸多学科的本科和研究生课程，包括商业、法

律、教育、艺术和社会科学、健康科学、信息技术、工程和环境。2015年，在建校50年以下的世界大学排名中，南澳大学排名第25位。

## 14.3 背景

就本文而言，研究产出定义为出版物（期刊、书籍、会议论文、评论、报告等）和创意作品（绘画、雕塑、照片、数码作品等）。

一些内部因素促成了对南澳大学研究成果集的重新评估；它们包括：

· 大学开放获取政策的引入，要求图书馆工作人员开发新的工作流程，以支持开放获取合规和打印后提交到大学的机构存储库。

· 副校长（研究与创新）希望引入研究生产力的衡量标准。

· 遵守政府研究评估活动，包括高等教育研究馆藏数据（HERDC）和澳大利亚卓越研究（ERA）。

· 高等教育能够系统地收集、管理和传播研究成果（包括数据和软件）的新要求。

· 认可成功管理研究成果和为关键利益相关者提供高质量支持所需的技能。

· 提供增强的终端服务，并在整个组织提高效率的长期需求。

这些内部驱动因素是在澳大利亚高等教育政策框架不断变化的背景下发生的。2014年，当时执政的澳大利亚自由党（Liberal Party of Australia）开始在其创新政策辩论中引入这样一种观点，即澳大利亚的研究应该以其影响力和参与度来衡量。这一评估将有助于构建自2010年以来在澳大利亚高等教育中以某种形式存在的ERA活动。

衡量研究和创新的公共资金的社会、经济或环境效益的概念当然对高等教育来说并不新鲜，英国的卓越研究框架（REF）取代了2014年的研究评估活动（RAE）。REF的显著特点是收集案例研究来衡量公共研究投资的效益。

澳大利亚在2014~2016年间的争论一直是制定国家措施和程序，从而衡量研究的影响和参与度。2015年12月7日，澳大利亚政府正式启动了国家创新与科学议程（NISA）国家影响和参与度评估，以检查大学如何将其研究转化为经济、社会和其他效益，并鼓励大学、行业和其他研究终端用户之间加强合作。

在这些驱动因素的背景下，项目团队开始了开发机构存储库服务的过程，该服务将提供满足未来和新出现需求的核心能力。

## 14.4 文献综述

Lynch的开创性论文（2003）仍然可以被视为构建机构存储库的基本参考之一：参与，关键利益相关者协议，以及确保成功开发和实施所需的协作。Harnad的文章（2015）研究了优化开放获取政策，他的八个因素中有两个与我们的项目产生了共鸣，包括“所有授权都应该指定存储库存放作为提交出版物进行绩效审查、研究评估、拨款申请或拨款续期的唯一机制”和“所有存储库都应该在机构存储库中实施丰富的使用和引用指标，作为合规的激励措施”。

将知识库嵌入研究实践中，使其成为研究人员日常工作环境的一部分，Russell和Day（2010）探讨了知识库与其他机构信息系统集成的好处。他们赞同一种“增加价值和节省时间，而不是给研究人员带来额外的工作（例如，只输入一次数据并用于多个输出的能力）”的方法。Giesecke（2011）得出结论：“方法、标准和工作流程所需的变化，使存储库成功，可能是渐进式的，而不是革命性的……”

## 14.5 提出变更的理由

那些在公立高等教育工作的人知道变革是不可避免的，能够灵活应对这些变革力量的机构可能会表现得最好。项目团队意识到，相互竞争的机构优先级意味着商业案例需要与赞助商和利益相关者产生共鸣，并使用利益（规划）框架来支持其案例。利益框架在整个南澳大学中用于评估主要的跨团队项目建议，包括以下要素：

· 客户影响——在这种情况下，学术人员是关键的利益相关者，从他们的角度来看，研究成果的收集应该尽可能无缝。

· 共同创造——该提案是根据对流程和人员的历史和当前审查得出的。与图书馆和出版人员的反馈会议提供了见解。跨部门合作为提案提供了多层次的输入。

·创新——提议的改变提高了系统的效率，包括重新调整专业人员的工作。

·执行——项目的成功是在人员和系统的智能使用以及图书馆、商业智能和规划以及信息战略和技术服务等关键单位之间紧密合作的背景下建立起来的。优先考虑的是减少与出版物收集有关的工作。

各要素的主要好处以及为支持该项目而收集的证据成为提出变革理由的基础。在高等教育中，以用户为中心通常转化为对学生和员工的服务。在该项目中，学术人员被视为关键的利益相关者，他们的产出是衡量生产力的核心，南澳大学高度重视学术和专业人员的投入。任何对收集过程的更改建议，必须确保用于支持关键业务流程（如学术晋升、拨款申请或绩效管理）的信息的持续流动。此外，南澳大学的开放存取政策和出版物收集要求需要尽可能简单。

采用这种以用户为中心策略的预期好处包括：减少学术人员在收集输出的行政过程中的工作量，取消纸质表格，重新部署行政人员以更好地支持学术，积极鼓励开放存取政策，如果所有这些都做得好，大学将有可能更好地展示其产出。

南澳大学的共同创造以其战略计划为基础，该计划鼓励员工作为“一个团队”工作。这通常是指单位和部门的专业人员相互合作，共同推进关键项目。在这个项目中，很明显，部门工作人员在产出收集过程中投入了大量时间，这个过程非常手工化，并且没有向学术人员提供增值支持。本可以重新引导于支持学术人员理解产出、文献计量和部门基准的工作，正在被部署于琐碎的行政任务中，而这些任务由信息系统可以更好地完成。

在开始时，项目团队承诺跨单位和部门工作，以提供更好的解决方案。总的来说，参与该项目的团队可以看到在哪里可以利用现有系统来自动获取输出，从而减少人力资源。单个团队的知识和技能得到了利用。例如，图书馆工作人员很好地定位于提供增值服务，以建立学术人员对其输出的理解，但只有在手动输出收集可以减少的情况下，他们才能做到这一点。

该方案最具创新性的特点是利用现有系统，包括大学的企业数据仓库（EDW）。这在很多方面都发挥了作用。首先，EDW中的现有参考文件有助于主数据管理；其次，将研究成果存储库的输出加载到EDW，意味着可以利用它们来支持整个大学的关键业务流程和活动。利用商业智能工具和EDW输出，通过每日异常报告和合规监察来管理输出的质量。这几乎是对输出的实时验证，与过去每年一次的审计相比，这是一个重大的改进——过去的审计需要几名员工和数周的工作。

项目执行的成功取决于对系统和人员的智能使用以及团队的紧密配合。关键的好处之一是减少了输出收集的工作量，这是所有团队的关键动力。然而，有一种风险是，一些主要从事收集出版物工作的工作人员会感到被剥夺了权利。认识到这一点，制订了整个大学的沟通计划和能力建设框架，并由项目团队开发并交付给南澳大学的相关领域。成功依赖于高层领导在制订大学企业规划活动时使用的“结盟—合作—学习”模式。成功的衡量标准在项目早期就已确定，并在今天继续受到监控。这些措施包括减少部门工作人员对以下活动的支持：产出收集，高质量控制（通过每天例外情况的数量来衡量），提高员工对产出的透明度和理解（减少临时查询），以及机构能力建设（通过能够自助提供商业智能报告以协助当地的工作人员数量来衡量）（图14–1）。

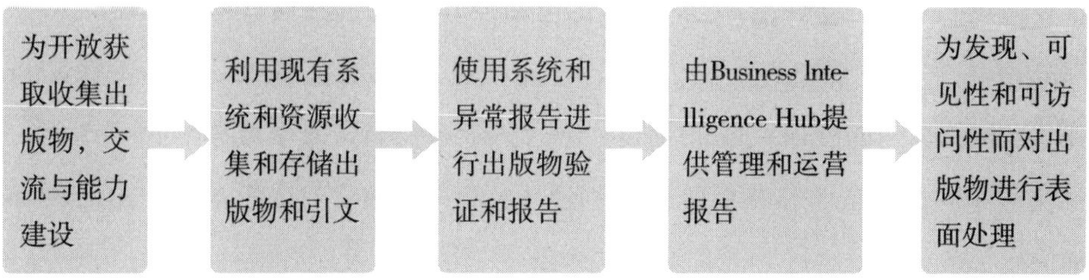


图14–1 未来工作流程模型

## 14.6 开展的活动

通过图书馆、商业智能规划（BIP）、人力资源、信息战略和技术服务以及研究与创新服务之间有意的“一个团队”合作，南澳大学能够支持学校和研究中心为研究人员和学者提供增强的终端用户服务，并在副校长（研究与创新）的支持下，在整个组织中提高效率。这种方法的好处在短短18个月的时间内取得了以下成果：

·创建研究成果收集（CRO）在线提交和管理系统，用于南澳大学的所有研究成果，包括期刊文章、书籍和书籍章节、会议论文、报告、专利、创意作品以及研究论文的高等学位和硕士学位。CRO目前收集了所有期刊文章的70%。

·ORCIDs的广泛采用。

·输出足够完整和高质量的元数据，以自动填充新设计的公开可用的员工主页。

·大大提高了对南澳大学开放获取政策的遵守程度，该政策要求图书馆工作人员开发新的工作流程，以支持出版物提交到大学机构研究成果储存库（ROR）。

·更完整和最新的数据来源，以支持副校长（研究与创新）引入研究生产力和基准绩效指标的愿望，而不一定包括在法定报告要求中。

·将引文计数和替代指标、隶属关系和协作元数据整合到员工主页、员工绩效报告和ROR页面中。

该项目利用了现有的企业系统，包括Appian业务流程管理工作流软件、Alma图书馆管理解决方案和供应商API。该系统每周自动向学术界发送来自Scopus和科学网的新研究成果通知。然后，学者们可以索要或拒绝这些产出，并在适用的情况下上传出版物。他们还可以使用DOI查找或手动提交出版物详细信息。

新的知识库发现界面的开发由利益相关者组成，显示还包括额外的引文详细信息、资金和链接的研究数据集。图书馆和其他工作人员举办了能力建设会议，执行了一项全面的大学交流计划（包括支持资源）。

该系统自2015年8月开始运行，最初的使用效果超出了预期，学者们迅速适应并参与了新流程。通常情况下，学者会在收到通知后一周内提出产出要求，而研究人员审查和最终确定产出的平均时间不到5分钟。

## 14.7 成果和成功

现在，通过Scopus和Web of Science的预定收获、DOI查找和手动提交，将研究成果报告给研究成果库。平均而言，70%的期刊文章来自Scopus、Web of Science和CrossRef。手工提交的成果通常是书籍章节、报告、会议论文、论文和创意作品。

从提交成果、元数据处理到进入下游系统之间的周转时间已显著缩短，大部分收获和提交的成果已被完全处理，并在5天内可供发现和被下游系统使用。

研究人员已经对新流程作出反应：

- 超过65%的已通知产出在一天内被认领。
- 82%的提交在5分钟内由研究人员完成。
- 24%的投稿提交了出版物。

最初，接受速度有点慢——一些研究人员认为这可能是垃圾邮件。然而，定制电子邮件，最重要的是，饱和沟通已经提高了人们的意识。2016年，新的员工主页主要由企业系统填充。研究成果可见性的提高为研究人员参与项目提供了进一步的动力。

尽管出版物提交的水平低于最佳情况，但这代表着人们越来越意识到开放获取和遵守大学政策和资助机构的授权。

更新的Web of Science和Scopus引用计数正在通过Alma和供应商API收集并包含到ROR元数据记录中。以前，商业智能和规划收集季度城市计数并将其加载到EDW中。现在，这些引用数来自ROR，发布到EDW，在学术人员的活动报告和工作人员的主页上显示，每月更新一次。

现在通过ROR和员工主页最大限度地提高大学研究成果的可见性是一个常规过程：ROR中的所有内容都被标记为开放获取、禁止获取或限制获取，员工主页上的输出显示包括开放获取指标（如适用），并通过可访问性选项直接链接到ROR。

各单位的工作人员现在对其他利益相关者的角色以及他们的参与如何与大学的各种系统相适应有了更好的理解。当员工知道与谁联系寻求帮助时，解决问题就更容易了。

## 14.8 我们的沟通策略——“一条信息”

任何合作项目的一个重要组成部分是沟通。关键利益相关者必须在项目的相关阶段得到通知，以最大限度地获得支持和参与。指导小组每月召开一次会议，以确保评估、确定优先级、获取和报告涉众需求。通过与工作组每两周举行一次会议，制定、审查并批准了一项全面的沟通计划。在6个月的过程中，利用各种沟通策略，从副校长（研究与创新）在全校范围内的公告，到学校董事会和研究委员会的十分钟演讲，以及通信和报告中的沟通部分。工作小组的图书馆工作人员确保所有图书馆工作人员都了解新的方法，所有工作小组成员都向各自的团队通报进展情况。

图书馆和知识产权计划之间还联合开发了各种资源，以确保无论在何处访问信息都能传递一致的消息。其中包括提示单、快速指南和在线帮助。虽然图书馆全面负责整个大学的项目沟通，但当与出版官员/行政人员举行会议时，他们的工作流程发生了重大变化，图书馆和BIP的工作人员都出席了会议，向他们展示了新系统的好处，展示了为减轻行政负担而增强的报告系统，并回答了问题。

还成立了一个用户参考小组，会议三次，共5小时，以便收集包括研究人员、博士生（PhD）和来自不同学科的专家在内的有代表性的终端用户的反馈，以帮助设计和开发。他们的反馈对项目的整体实施和成功至关重要，展示系统的短视频，以及演示文稿中包含了小组中一些人的推荐，从终端用户的角度传达“对我有什么好处”的信息。

## 14.9 吸取的经验教训

工作流程的各种业务流程改进使元数据及时更新到大学系统中，并面向外部资源。通过商业智能中心增强的报告功能减少了维护电子表格的专业人员的管理负担，因为他们和任何大学工作人员都可以随时访问报告以进行即时更新，并且在报告中添加额外的要求，获取所有可用字段以满足他们的需求。已确定的各种数据元素的“真实源”意味着参与项目的每个单位都知道谁对数据负责。

丰富的数据现在以多种方式被重复使用，并从最初的研究产出收集扩展到ROR。拨款和数据集元数据不仅在存储库中被收集和显示；数据集元数据也出现在大学面向外部的研究数据访问门户网站；资助机构的信息通过澳大利亚研究数据链接。作者归属信息通过协作地图可视化显示在员工主页上，并输入内部报告。记录所有元数据可确保大学更能够响应研究评估和资助机构的要求，以及内部报告，真正响应了“一次输入，经常重复使用”的口号。

由于在这个项目上的合作，确定了一些导致项目成功的关键因素。为了确保合作的成功：

· 在各方就项目范围达成一致的情况下，设定可实现的里程碑。

· 根据需要寻求专家建议。

· 确保指导小组和工作组内部及之间的清晰沟通。

· 在启动项目时提供简洁和一致的沟通，始终记住“对我有什么好处”的信息，以最大限度地提高研究人员和专业人员的参与度和投入。

· 提供在线支持是可以的，但有时面对面的支持更好。

· 管理期望，记住文化的改变需要时间。

· 承认模糊性。

· 务实，利用现有资源。

随着该系统的实施，作为企业数据仓库（EDW）中出版物信息的源数据，图书馆现在记录了当前和将来使用所需的额外元数据元素。这些元素包括资金、拨款、关联数据集、协作以及用于捕获指标的唯一标识符。这些要求对处理时间、团队职责、培训和文档要求以及数据质量验证和确认产生了影响。在2015年的图书馆趋势讨论中，图书馆工作人员也多次提出了对版权、开放访问、开放数据和许可证方面专业知识的更大需求，存储库服务工作越来越需要这些技能。

当多个单位/利益相关者在一个项目中协同工作时，一个建议是，根据需要，将一些工作组成员或其他关键技术人员安置在一起，共同处理特定方面的工作，培养良好的工作关系，讨论和解决技术问题，并进一步提高项目可交付成果的及时性。

随后确定的其他挑战包括来自存储库服务团队以外的图书馆工作人员的参与。建立对新的综合服务交付模式的认识正在进行中，需要不断提醒员工图书馆在增强最终用户服务中的角色和责任。虽然图书馆员工“是的，我能做到”的精神令人钦佩，但他们需要记住，大学在多个部门中采用的“一个团队”的方法。这种文化变化也影响了其他支持人员，主要是学校的专业人员，他们传统上在地方一级处理出版物，他们也必须适应并参与提供的改进的综合精简服务。

尽管该项目本质上是利用现有系统进行定制开发，并最大限度地提高投资回报，但这一决定意味着避免了供应商系统升级和增强周期的暴政。内部开发意味着范围蔓延的潜在风险，项目管理对于控制将资金过度投入可有可无的项目而非关键的功能来说至关重要。

## 14.10 未来的发展

各利益相关方继续合作，以实现进一步的改进。目前，图书馆专注于为研究人员建立ORCID（开放研究人员和贡献者iD）档案。ORCID目前正在注册并捕获到EDW，以便最终更新到HR和下游系统。ORCID和其他作者档案标识符将包含在每日Alma图书馆管理系统用户记录加载中，用于ROR披露服务中的曝光和链接。ORCID实施项目的第一阶段已经发布，研究人员授予图书馆可信方权限，可以读取/写入他们的个人资料。第二阶段目前正在开发中，目的是当一篇论文被接受发表时，图书馆会通过ORCID收到通知，从而减少研究人员向ROR提交/声明论文的需要，相反，图书馆能够自动更新他们个人资料中的

“作品”部分。ORCID也将在新的数据管理计划请求中获取，并可能进入研究数据门户。此外，还将制定一项全面的沟通战略，向主要利益相关者通报简化的工作流程，图书馆和BIP将利用每一个机会提高认识。

更及时地收集研究成果提高了对大学开放获取政策的遵守程度，作者接受的手稿/出版物的存放量显著增加。图书馆正在积极主动地进行回顾性审计，以确保符合资助者的开放获取要求。

随着最近宣布澳大利亚国家数据服务DOI生成服务的范围已经扩展到包括灰色文献，图书馆即将实施这项服务，为南澳大学高等学位论文、创意作品、会议论文和未发表的报告以及研究数据集生成DOI。

不断审查工作流程，以建议对Alma进行新的增强，并确保新功能得到利用。我们将继续与供应商合作，最大限度地提高和整合他们的API产品，并密切关注联邦政府和资助机构，以确保系统在未来符合新的合规性和报告要求。

# 第15章

# 新西兰所有主要研究机构实施ORCID

安妮·斯科特，海伦·托马斯

坎特伯雷大学，新西兰克赖斯特彻奇

## 15.1 背景

2014年，澳大利亚大学图书馆员理事会（CAUL）研究咨询委员会与其他几家机构一起，提出了一项联合购买ORCID的提案（Simons, 2017）。该小组与澳大利亚信息检索协会（AAF）合作，为所有拥有ORCID系统的机构提供技术支持。这些图书馆成功地获得了跨大学合作，并吸引了研究机构的参与。这导致36所大学和4个国家研究机构同意购买和采用ORCID（CAUL, 2017）。

新西兰（NZ）的大学图书馆员意识到了这项工作，并看到了创建NZ联盟的机会。所有的大学都看出了在澳大利亚开展的这项工作的好处，并希望复制这一成果。然而，他们也明白，他们较小的疆域提供了一个机会：不仅可以跨大学和研究机构进行ORCID联盟收购，而且新西兰与其较小的利益相关者群体的环境以及这些关键参与者的亲密关系提供了吸引更广泛群体的能力。这可以使ORCID在NZ的应用更好地融入现有的研究环境。

纳入更广泛群体的想法源于图书馆员已经建立的联系所获得的知识。NZ图书馆员一直在与新西兰电子科学基础设施（NeSI）进行讨论，并参与了由新西兰研究与教育高级网络（REANNZ）、NeSI和新西兰基因有限公司（NZGL）运营的2020年研究。这使他们对NZ研究环境面临的当前问题有了深入的了解。

## 15.2 方法

这些大学图书馆员都是新西兰大学图书馆员理事会（CONZUL）的成员，它是新西兰大学的一个委员会——Te PōkaiTara。在澳大利亚采用ORCID之后，该小组优先考虑了NZ ORCID联盟的想法。大学图书馆员开始与各自机构的副校长（DVC）以及其他数据管理和研究方面的关键人物交流全面采用ORCID的想法及其好处。一些机构开始在当地实施ORCID，而另一些机构则只是名义上加入，以确保资金和政策的制定。CONZUL还通过奥克兰大学图书馆员Janet Copsey与新西兰商业、创新和就业部（MBIE）建立了联系。随着项目的发展，这将会很有用。

2015年，NZ的大学图书馆与ORCID一起举办了一系列研讨会。其中第一个是将主要参与者聚集在一起，设置场景并解释该项目的好处。在第二次演示中，MBIE被故意定位为NZ大学研究的主要资助者之一。这种参与背后的目的是以不同于澳大利亚ORCID实施的方式处理ORCID。澳大利亚的方法非常成功，但主要集中在大学。它提供了ORCID会员资格，但研究员iD注册必须由图书馆驱动，更广泛的研究环境没有改变。

CONZUL认为，要创建一个功能齐全的研究环境，需要的不只是ORCID。通过让MBIE参与进来，资助者iD也可以成为扩展工作方案的一部分。此外，作为核心资助者，如果MBIE在研究资助申请中推广甚至强制使用ORCID，这将提高研究人员的采用率，并减少对图书馆推动这项工作的需求。ORCID也非常符合MBIE当时正在制定的研究、科学和创新领域计划（Ministry of Business, Innovation and Employment, 2016）。CONZUL的假设是正确的，他们的参与导致MBIE带头，指派了一名项目经理，并成立了小组来承担项目工作。

## 15.3 工作

这项工作在项目的不同阶段由一系列不同的利益相关者开展。这项工作最初由CONZUL小组承担。最初，工作由两个特定的成员领导，Janet Copsey和Anne Scott，因为她们在CONZUL的研究重点以及她们的知识和联系。最初的想法来自这个小组，他们也是发起和奠定基础的关键，这得益于他们现有的关系和CONZUL的定期会议。

随着项目范围的扩大，越来越多的团体加入进来，包括MBIE和新西兰大学信息通信技术委员会。在MBIE同意参与这项工作后，他们任命了一位项目经理Clinton Watson，他通过ORCID工作组领导项目工作，直到完成联盟的创建。除了牵头，MBIE还同意资助所有参与者的ORCID机构会员资格，最初为期2年。

为了确保ORCID联盟的交付，需要一个联盟领导和一个技术领导。最初，MBIE承担了两个主要角色。项目完成后，联盟的领导角色转移到新西兰皇家学会，技术领导转移到奥克兰大学。后者是由于奥克兰在ORCID方面已有专业知识，已经提供了自己的实现，提供了作为拥有丰富内部技术专业知识的大型参与机构之一的能力。来自奥克兰大学的Jeff Kennedy领导了ORCID技术小组委员会。这个小组提出了一个创新的新西兰ORCID中心的解决方案，它允许信息技术能力水平不同的机构加入。

跨部门协作工作的挑战之一是机构采用新技术的不同速度。新西兰ORCID中心已经解决了这个问题，它将为最小到最大的机构提供基本的技术支持。将所有机构纳入中心需要时间，因为更多的机构会带来额外的复杂性。然而，从长远来看，更多机构的参与将带来比在澳大利亚所取得的更广泛的利益。

参与这项工作的其他团体包括MBIE、新西兰大学研究办公室（URONZ）、新西兰理工学院、私人研究机构、皇冠研究所（CRIs）、REANNZ和新西兰皇家学会等资助者。随着项目的推进，团体也随之增加。为了确保合适的人参与进来，我们接触了更多的群体，比如最初没有被包括在内的较小的研究机构。

Anne Scott的角色包括：

· 与CONZUL合作建立ORCID联盟。

· 通过CONZUL向大学传达好处。

· 担任MBIE ORCID工作组成员。

Anne将她对研究部门和大学部门战略重点的了解带入了这些角色，这些知识是她在坎特伯雷大学担任大学图书馆馆员期间以及她在CONZUL等高级决策战略小组的长期成员身份中发展起来的。

Anne主持了MBIE和CONZUL之间的定期讨论，这些讨论主要通过远程会议或电话进行。这些讨论的结果通过电子邮件和委员会的常务会议反馈给了CONZUL，并在项目的早期阶段通知了下一步的步骤。当Janet Copsey于2015年底退休时，Anne接替她担任了CONZUL在CAUL研究咨询委员会（CRAC）的代表。

面对面的会议和远程会议是开展项目交付工作的主要方法。电子邮件和电话是这些方法的补充。工作被分成不同的部分，然后由参与机构的代表组成的小组交付，从而促进了工作。

视频会议软件Zoom被用来促进远程/视频会议。电子邮件被用来在参与者之间发送项目文件，参与者被授予项目邮件列表的成员资格。由于参与项目的群体多样化，这种低技术含量的方法是合适的，因为它意味着参与者不需要安装或购买任何软件，也不需要学习使用任何新系统。促进文档协同编辑的文档管理系统将是这个项目的一个有用的工具，应该在未来的工作中使用。

## 15.4 结果

该项目的有效性是有形的，因为上述所有机构仍参与ORCID的实施（截至2017年10月）。一旦新西兰ORCID中心可用，将开始实施，计划于2017年完成。

项目成功的主要原因之一是CONZUL小组的预先存在。这个小组每年开四次会，有一个活跃的私人邮件列表。该小组使来自新西兰所有大学的图书馆员之间能够讨论、建立关系和共同目标。在小组内划分职责允许每个成员负责一个特定的领域，如“研究”，能够根据个人情况调整领域，利用人们的兴趣、他们原有的技能和人脉。

CONZUL集团和CAUL集团之间有很强的联系。这使CONZUL能够参与讨论，并从塔斯曼省的同事那里学习经验。作为这个更广泛的团体的一部分，CONZUL可以利用更广泛的想法/经验和研究，这些研究是由更多的高等教育机构在更大的国家进行的。

MBIE的参与对取得成功非常有益。MBIE通过良好的沟通和规划合作将如何对他们有利，即通过数据的标准化，从而更容易地衡量研究的影响和价值。他们对研究环境及其利益相关者和贡献者有了更广泛的认识。他们也有经济能力来支付前两年的ORCID会员资格，这有助于扩大新西兰所有研究组织的潜在参与者数量。

愿景的一致性，清晰地表达这一愿景以吸引新的利益相关者加入，以及项目的时机对其成功至关重要。CONZUL意识到了接近利益相关者的正确时机，并明确表示了利益，这意味着其他团体很快就加入了进来。MBIE的贡献让较小的组织意识到加入没有负面影响，因为没有相关成本，也没有做出改变的承诺，也就是说，他们可以随意离开这个项目。

另一个积极因素是来自不同行业的参与者拥有不同的技能和知识。他们的参与促成了一个更好的解决方案，这个解决方案能够被更广泛的群体采用。此外，每位参与者都承担了向各自部门传达关键信息的工作，并在当地倡导这一理念。

项目的一些元素比其他元素效果更好。CRIs发现参与这项工作更加困难，因为与大学不同，它们没有在足够早的阶段参与，无法与利益相关者进行预先沟通，信息技术资源也较少。大学提前投入的时间为高级管理层搭建了场景，并促使他们了解工作的效益，这在项目后期产生了回报。

这项工作的某些方面比其他方面更难管理。MBIE邀请新西兰皇家学会作为该项目后期的牵头方。这给该项目带来一定的弊端。英国皇家学会没有参与早期的开发工作，因此他们对项目的历史缺乏全面的了解，有时也没有参考这些早期的工作。

如上所述，将该项目的领导权从CONZUL移交给MBIE具有重大好处。然而，CONZUL失去领导权削弱了其对于工作结果和未来工作重点的影响力。

最初的ORCID工作组成员包括：CONZUL，CAUDIT-NZ，REANNZ和CRIs。CONZUL仍然是新成立的NZ ORCID咨询委员会的活跃成员，但这是一个更大的团体。

## 15.5 好处

大学从为其研究人员获得永久iD中受益。这使他们能够更容易地监测和管理研究成果，这必然有利于所有机构在进行研究评估时，使数据收集过程更加准确和高效。

图书馆在与研究和创新部门的同事合作中获益良多。在机构内共同开展ORCID工作，改善了关系和沟通。一个更广泛的泛新西兰利益集团已经看到图书馆对国家研究基础设施的影响增加。一个成功项目的实施提高了人们对图书馆员的专业技能和知识的地位和理解，以及他们对研究的贡献。

从国家的角度来看，ORCID的交付是连接图15-1所示三个要素的任何未来工作的基础。通过实施ORCID，构筑了未来跟踪影响所需的框架的基本部分。

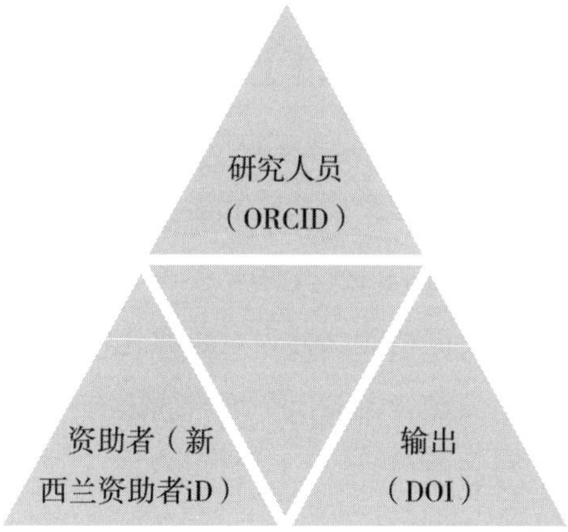


**图15-1 链接研究人员、资助者和产出**

一旦这三个要素协同工作，新西兰将有一个相互联系的框架，使进一步发展成为可能。未来的发展之一将是将研究成果与组织iD以及澳大利亚和新西兰标准研究分类（ANZSRC）代码联系起来。前者将允许评估多个资金来源对单个机构的影响。后者可用于提供研究主题领域的详细信息，从而了解资金是如何支持研究的。

建立研究环境的框架将有助于跟踪影响。将研究人员、资助者和产出链接在一起将提供一个整体框架，例如允许添加组织iD，并评估多个资金来源对单个机构或单个研究领域的影响。如图15-1所示，在所有确定的领域，进一步的合作将是有用的，以确保数据供应的标准化，并能够衡量研究价值。

要看到这个项目带来的重大变化还为时过早。主要的变化将是机构ORCID成员资格的规定，以及所有机构将有能力核实哪些研究人员属于它们。新西兰的主要研究资助者开始将ORCID纳入研究资金申请。长期愿景是使那些对研究成果感兴趣的人，包括新西兰政府等主要资助者，能够更准确地确定其研究资金的影响。

## 15.6 我们所学到的

进行这个项目产生的主要结论和建议如下：

· 确保您的高级图书馆员/管理人员有机会在图书馆部门内见面并建立联系。

· 从其他项目中学习，但要确保你重新利用他们的项目方法来适应你当地的情况。

· 当跨部门工作时，来自每个领域的冠军都是有帮助的。这些领军者可以在他们的社区内传播想法，这些想法可能会跨越多个机构。

有效协同工作所需的关键技能和行为是愿意合作并分享知识和技能。

沟通在很多方面都是关键。参与这个项目的人有能力：

· 阐明从事这项工作的原因。

· 吸引他人。

· 与不同的受众进行交流。

· 获得认同。

灵活性也至关重要，例如，在处理和有效利用每个受众所需的不同类型文件的能力方面，以及在正式环境之外利用会议的能力方面。在正式环境中，项目的基础工作是因为参与者永远在同一地点，例如参加会议。此外，灵活性允许在项目期间调整实施方法。最初的单一小组方法被修改为两个核心小组，其中一个负责建立联盟，另一个负责技术任务和协作设计工作。

合作中使用的方法如最初预期的那样起作用，并成功地获得了支持将ORCID作为识别新西兰境内研究人员的标准的协议。MBIE的参与有利于更广泛地在新西兰采用ORCID，因此值得花费时间和精力让他们参与进来。

# 第16章

# 国家合作：威尔士共享图书馆管理系统

特蕾西·斯坦利，加雷斯·欧文
卡迪夫大学，英国威尔士卡迪夫

## 16.1 背景

班戈大学于2016年8月25日完成了Ex Libris Alma和Primo的实施，这标志着一个雄心勃勃且复杂的采购和实施项目的成功推出，该项目旨在为威尔士的11个合作伙伴提供共享的图书馆管理系统（LMS）和搜索界面。

所有11个合作伙伴现在都使用一个共同的云托管平台。这11家合作伙伴包括：

- 阿伯里斯特威斯大学。
- 班戈大学。
- 卡迪夫城市大学。
- 卡迪夫大学，包括威尔士国家卫生服务图书馆。
- 雷克瑟姆大学。
- 威尔士国家图书馆（威尔士法定图书馆）。
- 威尔士皇家音乐戏剧学院。
- 斯旺西大学。
- 南威尔士大学。
- 威尔士三一圣大卫大学。

该项目由威尔士高等教育图书馆论坛（WHELF）管理，该论坛是威尔士大学图书馆的一个网络，其中还包括威尔士国家图书馆，一个法定缴存图书馆。

在实施Ex Libris Alma和Primo之前，这些图书馆使用六种不同的图书馆管理系统（IMS）和一系列专有和开源的搜索接口，这限制了WHELF履行其使命，即“促进图书馆和信息服务合作，鼓励思想交流，提供相互支持的论坛，并帮助促进图书馆和信息服务提供方面的新举措”。

2013年，Jisc资助了一项可行性研究，该研究探讨了在WHELF中采购和共享LMS的可能性（WHELF & Jisc, 2013），并概述了追求共享LMS可能带来的好处。其中包括：通过共享采购流程和预期的许可成本折扣节省财务和工作人员时间；合作开发增值服务的机会，如共享编目、互借、文件供应和更广泛的内容共享；在威尔士分享、收集、使用数据的能力优势。

所有合作伙伴都有替换现有LMS系统的制度驱动因素，包括：更换落后系统的需求；实现跨不同功能领域（如后端和搜索系统）的更大整合；改善对用户的服务；提高效率，腾出员工时间从事更多增值活动；提升效率；提高系统的弹性和可用性。

这为共享LMS的机构业务案例奠定了基础，2014年，WHELF的11个成员签署了“对这一倡议的坚定承诺，并……进行联合招标，以采购共享系统”。

## 16.2 招标程序

这一承诺为卡迪夫大学提供了代表WHELF所有成员启动招标程序的权力。

重要的是，这一过程为参与机构提供了一个内置的安全机制，因为它不将任何机构与投标过程的结果挂钩。招标过程每个阶段的文件都指出，“每个机构都有机会继续授予和采购首选LMS（可以选择采购发现层）或选择退出联合体”。

由于潜在合同的规模估计为800万英镑，最初为期7年，并可选择将初始合同分12个月延长至最多60个月，招标过程在欧盟层面进行，并于2014年1月29日在欧盟官方公报上发布了EU公告。

该通知指示供应商提交对资格预审问卷（PQQ）的回复，使WHELF能够根据关键标准评估潜在供应商，以确定其交付能力，包括通过法定合规性、财务责任和状态、质量管理、组织环境和可持续性政策的问题，以及具体的技术信息和参考网站信息。

PQQ的第二个目的是提供一种机制，首先筛选潜在的供应商，因为预计在招标过程中会有丰厚的利益。PQQ是一个机会，以确保数量更易于管理的供应商进入招标工作中更严格和耗时的部分。

总体而言，22家供应商表示对欧盟通知感兴趣，8家供应商提交了对PQQ的回复。6家供应商进入下一阶段，即2014年4月10日开始的招标（ITT）。

ITT开始根据质量和成本评估供应商提交的材料。质量是基于对详细需求声明的回应，成本是基于联盟的成本时间表。质量占可实现总分的65%，成本占35%，后者要进行相关评分。只有排名最高的三家供应商才能进入示范点考察和供应商展示的阶段，且ITT阶段的分数不会转结到评价过程的最后阶段——示范点考察和供应商展示。

ITT包括两份关键文件，使项目委员会能够评价供应商提交的材料。第一，大规模的技术规范；第二，每个机构的完工成本表。

一家供应商没有对ITT作出答复，三家排名最高的供应商有资格进入下一阶段的招标过程。同样，招标工作这一阶段的分数没有转结到下一阶段。

在最后的评估阶段，LMS占总分的80%，搜索接口占总分的20%。

在招标工作的最后阶段，要求供应商提供并同意两次示范点考察；一个示范点在联合体层面演示系统运行，另一个在独立环境。示范点在本阶段的分数可达到总分的65%，威尔士四个站点的供应商演示占剩余的35%。在第三阶段总得分最高的供应商将被授予向WHELF联盟提供LMS的合同。

## 16.3 合同授予

在这个过程的最后，排名第一的供应商Ex Libris被推荐给项目委员会，随后被推荐给WHELF共享LMS指导小组，以授予合同。

在采用欧盟采购路线的情况下，卡迪夫大学率先参与了招标过程。与此相一致，卡迪夫大学也代表所有参与WHELF的机构签署了最终合同。

## 16.4 管理

在招标过程中，该项目由一个指导小组和一个项目委员会管理，指导小组由参与机构的首席图书馆员组成，负责制订战略方向，项目委员会则由每个机构不同资历的代表组成，负责推动招标框架。

项目委员会为整个招标过程和文件提供意见和协议，并对参考站点运行中的供应商产品和系统进行评估。

一名项目经理，部分由威尔士政府资助，其余职位由参与机构资助，代表WHELF协调活动，包括根据PRINCE2项目管理原则和技术建立和报告管理机制。

## 16.5 分析

总体而言，这一举措取得了成功，所有合作伙伴都按时并在预算范围内使用了新系统。所有合作伙伴都报告说，他们对实施过程和实施的新系统感到满意。

2012年，该项目的一个研讨会集中讨论了项目成员的风险和焦虑，并确定了可能阻碍成功的障碍，其中一些例子如下：

· 政治方面：IT主管可能不愿意放弃对系统的本地控制。

· 经济：由于总成本增加，不能为新系统提出理由。

· 社会：员工可能看不到合作的好处，并抵制变革。

· 技术："下一代"LMS市场可能还不够成熟，无法选择合适的新系统。

· 法律：可能无法打破与现有供应商的现有合同，以使所有机构同时转移到新系统。

· 环境方面：各院校专注于其他优先事项，例如合并、大型新校区建设等。

在实践中，上述障碍都没有出现，因为在早期阶段就采取了步骤来解决这些问题，如下所述。

人们认识到，考虑到当时威尔士高等教育的不稳定和快速变化的技术环境，该项目面临着一些重大的潜在挑战。最初的Jisc资助的可行性报告认识到，合作伙伴关系由一系列不同的机构组成，这些机构具有不同的优先事项、重点和制度驱动因素，这导致了一个具有挑战性的政治环境。

人们还认识到，为了继续推进，需要高层机构的支持，如果项目要取得成功，就需要建立强有力的管理机制。机构还需要将一定程度的控制权移交给联盟（例如，围绕采购活动、IT战略方法、时间表等）。在明确这一点并积极管理它的过程中，项目能够降低所识别的风险。

还有一些关键的制度驱动因素，其中一致性增加了成功的机会。例如，斯旺西大学正在开发一个新校区，LMS可以被定位为“推动者”，帮助图书馆在现有和新的校区提供更有效和更高效的服务。南威尔士大学和威尔士三一圣大卫大学最近都经历了（独立的）机构合并，需要全面协调他们的IT系统，这为该计划提供了另一个机构驱动因素。

该项目还积极使其驱动因素与威尔士政府当时提出的优先事项保持一致，特别是围绕图书馆激励战略（CyMAL: Museums Archives and Libraries Wales, 2011），以及开发共享图书馆资源、共享访问和共享服务的既定需求。政治和环境方面的协调有助于在机构层面建立对该项目的支持。

为该系统制订一个所有机构都能接受的完整功能和技术规范，这一重大任务有可能使该项目脱轨。因此，项目团队确定了“职能领导”，并赋予他们协调规范各方面输入的任务。他们的任务还包括与自己所在机构和整个联盟的同事达成共识。这确保了规范的各个方面都有高水平的参与，同时分担工作，以充分利用联盟的资源。使用这种方法，我们在威尔士一个偏远的地方召开了为期两天的系列会议，核心项目团队能够把自己从干扰中隔离出来，专注于细节，把整个规范结合在一起。这产生了一个强有力的规范，获得了很高的支持，这被证明是选择供应商的有效工具。

一个主要的成功因素是在核心项目团队中通过共同努力建立的高度信任。这是建立在共享和协作的文化基础上的，这已经是WHELF联盟的一个强大特征。通过WHELF和当地安排，已经有许多合作和“共享服务”类型的举措，例如，卡迪夫大学已经为NHS威尔士图书馆和皇家威尔士音乐和戏剧学院提供了LMS。同样，班戈大学为雷克瑟姆大学主办了LMS。这些都是长期的安排，多年来建立了一种信任和分享的文化，双方对合作的共同利益有了明确和共同的理解。

WHELF还通过WHEEL合作伙伴关系在共享电子资源交易方面取得了成功，这为合作购买提供了一个论坛，包括确定机会、与出版商谈判协议以及管理与交易相关的内部管理。

LMS伙伴关系能够建立在这些信任网络的基础上，在项目的整个生命周期中保持紧密的工作伙伴关系。团队领导的精神得到了发展，这是通过早期面对面的研讨会来发展愿景和定义总体需求，并通过定期的视频会议来跟进。这是一个集约的过程，但在培养共同目标感和对共同目标的承诺方面非常值得。项目经理在促进这一点方面也至关重要，并在整个威尔士保持高存在感，确保项目高度可见，高级利益相关者积极参与。项目经理还充当了卡迪夫大学采购主管的联络点，并与采购部门建立了牢固的工作关系，采购部门清楚地了解我们试图实现的目标及其原因。

该项目还受益于定期和结构化的沟通过程。在威尔士，距离是一个挑战，因为交通基础设施经常使协作变得困难，所以项目委员会每月通过视频召开一次会议。核心团队成员参加了由各个机构主办的一系列“小型会议”，以发展项目的不同方面并分享学习成果。还广泛使用了协作软件来共享文档、进行在线讨论和让团队参与进来。其中包括使用Yammer、Google Docs、PB Works Wiki和Ex Libris Basecamp环境。随着时间的推移，这些工具被取舍，因为一些工具被证明比其他工具更灵活。Yammer和Google Docs已经成为支持协作的最有用工具，而Wiki将被用作文档集档案馆。

## 16.6 总结

所有的合作伙伴现在都实现了一个共享的LMS。这为合作伙伴带来了立竿见影的好处，包括：

·促进了印刷物和电子资源之间的整合，使工作人员更容易通过系统管理对这些资源的访问，并使用户更容易找到和使用任何格式的馆藏。

·与其他重点大学和商业系统进行更大程度的整合，例如进行认证和授权管理；减少工作人员的工作量，改善用户体验。

·减少支持需求——系统升级、硬件管理等方面的大量工作转移给了供应商，使员工有时间进行其他增值活动，如面向用户的服务改进。这也加快了系统改进的开发，系统改进可以按月逐步推出，而不是打包成一次年度升级。

·一些合作伙伴可以使用的新功能，例如电子资源管理（ERM），这是他们以前没有的。

·能够更容易地报告馆藏的使用情况，因为报告的创建和系统的查询现在更容易。

·能够为用户提供新的功能和服务，如自动续订，这已经被证明是受欢迎的。

通过共享采购流程，该联盟也整体受益，这节省了各个机构工作人员的时间，减少了重复工作，并产生了高质量的规范，从而实现了稳健的选择过程。通过集体采购，还获得了许可证成本的折扣。

项目经理的联合任命也是项目成功的一个重要因素，因为这使得整个联盟的凝聚力和共同愿景得以发展。项目经理也积极参与，确保整个联盟共享学习成果，以便新系统的早期采用者将他们的学习和经验反馈给其他成员。在可能的情况下，培训和发展也被共享。

该联盟还确定了一系列潜在的长期利益，随着进一步的工作，这些利益将开始显现，现在所有的合作伙伴都在使用新系统。

已确定的一个进一步工作领域是开发共享目录，这将使整个威尔士能够共享目录记录，从而可能节省工作人员的时间并提高整体元数据的质量。需要进一步的工作来调查实现这一目标的各种可用选择，并提出建议，然后实施。已经制定了一个商业案例大纲。威尔士的编目人员也积极参与探索各种选择，绘制威尔士现有的专业知识，并游说提高阿尔玛社区区域电子资源记录的质量。

该联盟还调查了其他更深层次合作的领域，包括互借和文件传递、共享采购的电子资源、共享分析报告进展，以及搜索全威尔士学术馆藏的唯一站点。一些共享分析的潜在领域已经被确定。其中包括基准报告，例如整个联盟订购或编目一本新书所花费的平均时间，逐个主题的成本支出比较等。

与任何大型和复杂的项目一样，这个项目中也有值得学习的经验教训。从这个项目中得到的大多数教训是积极的——围绕着合作的价值和通过共同努力实现共同目标所能获得的好处。然而，在某些领域，不同的方法可能会有用。

WHELF在适合大多数合作伙伴的阶段进入市场，并使联合采购成为可能。然而，可以说，当时的市场只能提供有限的成熟产品，而现在可供客户选择的范围更广、产品更丰富。

在评估该项目的效益时，在机构开始采用该系统之前，就落伍系统运营达成一致并收集数据会更好。这将提供一个有用的衡量和评估共享系统的基准，这些数据将为Jisc赞助的利益实现研究提供坚实的基础。就目前情况而言，其中一些数据已经丢失或不完整。

## 16.7 结论

然而，Jisc赞助的研究（该联盟与Jisc和剑桥计量经济学会合作）正在展示联盟方法在采购和实施共享LMS方面的明确价值（Cambridge Econometrics, 2017）。该研究确定了该倡议的主要好处，并商定了一套措施来追踪这些好处。已经举行了初步讲习班，讨论数据模板，以获取已经取得的定量效益和未来预期的效益。在收集定量数据的同时，还在开展案例研究，以提供定性数据。

该研究强调了WHELF对获得和展示建立共享平台的好处的重视，以及这一基础设施与威尔士成熟的合作文化的长期潜力。

该项目的成功为围绕LMS开展进一步的联合工作奠定了坚实的基础，也为探索更广泛的合作选择提供了信心，包括在采购阅读清单系统和数字存储库方面开展联合工作的潜力。

# 第17章

# 学术与公共图书馆的新受众、新机遇：英国伍斯特大学的蜂巢

斯蒂芬妮·艾伦，珍妮·道恩斯，朱迪斯·基恩

伍斯特大学，英国伍斯特

## 17.1 引论

蜂巢是伍斯特大学（UW）和伍斯特郡议会（WCC）之间鼓舞人心的独特合作伙伴关系。它是欧洲第一个完全集成的图书馆，于2012年7月2日开放，拥有约10000 平方米的公共空间，800个学习空间，以及5层楼中的250台电脑。除了作为大学图书馆，它还包含城市的主要公共图书馆（包括一个宽敞且藏书丰富的儿童图书馆）、伍斯特郡档案和考古服务，以及议会联络中心。

伍斯特郡是英格兰西米德兰兹区的一个郡，人口略多于50万。伍斯特是首府，也是唯一的城市。郡议会有法定责任提供公共图书馆服务，目前的优先事项是：开放营业、健康与福祉、儿童与家庭、环境（Worcestershire County Council, 2017）。公共图书馆的设施和服务在这些方面都发挥着作用。

伍斯特大学是一所相对较新，但发展迅速的机构，拥有约10000名学生，被认为"有责任提供公共利益"，并在这方面"旨在成为高等教育界的典范"（University of Worcester, 2013, p.20）。特别是，它力求使大学成为公众，尤其是儿童和年轻人高度可访问的资源（University of Worcester, 2013, p.24），并有着与商业、文化和社区组织建立密切合作关系的历史。

由于地方当局的资金压力，全国各地的公共图书馆开始关闭，大学也面临

着向支付学费的学生提供价值的压力，蜂巢是大学精神和合作互惠互利的大胆声明。

## 17.2 设计蜂巢

2004年，公共图书馆服务部门发现，原来的伍斯特市图书馆大楼已经不再适合使用，需要进行现代化改造，以提高服务水平满足未来图书馆用户所需。与此同时，大学正在探索建立一个新的城市校园，并积极寻求改善其学习资源。因此，理事会和大学建立了伙伴关系，导致了蜂巢的创建，使两个组织能够进一步实现其战略目标。在大学的城市校园和伍斯特市中心之间确定了一个地点，这在大学和当地社区之间建立了物理和隐喻的联系。

蜂巢一直被认为为伍斯特公众聚集在一起提供了多种机会，让所有人都能从这种整合中受益。很明显，如果每个人都能平等地、无缝地使用所有设施，这些好处将得到最大化，这成为建筑及其内部服务设计的基本指导原则，要求我们寻找和实施创新的解决方案。此外，还有一个愿望是吸引新的用户，并为大学成员和更广泛的民众提供完全无障碍的学习机会，重要的是，容纳那些原来会感觉被排除在大学环境之外的人。因此，从一开始就专门针对难以接触到的受众设计了一个全面的外展和教育机会计划。

一个完全集成的图书馆的整体愿景是由10个核心价值（表17–1）支持的，这些核心价值仍然是蜂巢精神的核心，并为建筑和服务的设计提供了信息。

**表17–1 蜂巢核心价值**

| | |
|---|---|
| 灵感 | 联系 |
| 渴望 | 学习 |
| 集成 | 包容性 |
| 持久的价值观 | 幸福 |
| 持续性 | 可见性 |

图书馆的工作人员是由大学和议会的员工组成的，他们是一个综合的团队。每个服务系统（郡和大学）都有自己的战略重点，但蜂巢有一套操作指南

和客户服务标准，所有员工都必须遵守，包括设施管理团队和伍斯特郡档案和考古服务。

## 17.3 开发新的受众

图17-1显示大学图书馆服务的一些主要部分和用户。除了预期的学术利益相关者，他们还包括WCC在伍斯特郡其他地方的分支图书馆的工作人员、蜂巢设施管理人员，以及社区团体和所有年龄段的公共图书馆成员。

**选定的利益相关者，显示自开业以来目标用户群体的参与度/影响力的变化**

**主要客户**：伍斯特大学（UW）

二级客户（附加利益相关者）：伍斯特郡议会（WCC）

| | | | | | |
|---|---|---|---|---|---|
| （高） | D | | （UW学术负责人）<br>（UW委员会） | **UW教学工作人员**<br>**UW研究人员**<br>（学生会） | **UW学生**<br>（副校长）<br>（大学行政人员） |
| 影响力 | C | （外部资助者/监管机构） | （WCC分支图书馆工作人员）<br>其他UW服务部门<br>（设施管理） | （UW IT）<br>（蜂巢非图书馆职员） | **UW图书馆工作人员** |
| | B | （WCC IT） | UW校友<br>未入学学生<br>商业社区 | （蜂巢志愿者） | |
| | A | （2012年位置）<br>更广泛的社区 | 图书馆成员 | | |
| （低） | | A | B | C | D |
| | （低） | 敬业度 | | | （高） |

图17-1 选定的利益相关者，显示自开业以来目标用户群体的参与度/影响力的变化

潜在的参与机会非常多，因此有必要优先考虑对合作伙伴特别重要的群体，以便与之发展服务。其中包括学生（特别是接近大学年龄的学生），因为与年轻人合作是大学的优势，也是郡图书馆服务的高度优先事项。基础素养、心理健康和社会化发展都是蜂巢寻找新受众的领域。大学和郡议会都希望建立

和加强与当地商业团体的联系，以支持当地经济和劳动力发展，为课程设计提供信息，并为学生创造工作机会，因此这是另一个关键群体。

这两个群体最初都位于利益相关者矩阵的左下象限（即在服务的开发和提供方面参与度和影响力较低），但4年后，他们在矩阵中有所跨越和提升。本章的其余部分将回顾在蜂巢存在的最初几年中采取的一些举措，这些举措有助于促进利益相关者的参与。

## 17.4 案例研究1：让学生参与到服务提供中来

对于那些被选中的高等教育机构来说，来自学生的服务提供压力之大前所未有。作为英国政府卓越教学框架（TEF）（Department for Business Innovation and Skills, 2016）的一部分，教学标准受到严格审查，对持续服务改进的需求影响了整个行业的变化。高等教育中的图书馆服务比以往任何时候都更多地咨询学生并让他们参与服务的开发中，这是伍斯特大学图书馆服务处于领先地位的一个领域（Pittaway, 2016）。

然而，蜂巢为学生提供了进一步的机会，让他们积极参与塑造和向更广泛的社区以及同龄人提供服务。在蜂巢中，学生可以积极参与开发，并为包括儿童、家庭和老年人在内的各种用户提供服务。接受培训的护士已经提供了基本的健康检查，并向蜂巢用户推广了献血者服务。在培训中的教师已经为小学提供了议会日（图17-2），孩子们有机会辩论法案并接受媒体采访（University of Worcester, 2016）。在这个过程中，学生们发展了一系列技能，为他们在课堂和课堂外的工作场所提供支持：团队合作、用户服务、协调、研究、为影响而写作。有无数的方式可以让学生参与到服务中。在下面的部分中，我们只关注了其中的三种。

### 17.4.1 工作实习

蜂巢为许多学科的学生提供一系列的工作实习，这些实习满足课程要求，工作时间长达60小时。通过这些实习，学生们有机会为他们的同龄人或更广泛的社区开发并提供新的倡议。其中一个例子是“大蜂巢图书救

图17-2 小学议会日

援”。现在这是一年一度的活动，我们在学年结束时从学生那里收集不需要的书，并在学年开始时出售。所有收益将捐给学生联合会提名的慈善机构。视觉艺术专业的学生在蜂巢进行了驻留，创作灵感来自建筑和服务的作品，并为公共场所的展示和展览做出贡献。为了纪念莎士比亚400周年诞辰，一位英国文学专业的学生策划并举办了“莎士比亚日”活动，在整个“蜂巢”为包括儿童和家庭在内的访客举办了莎士比亚的即兴表演。

### 17.4.2 志愿服务

与许多其他机构一样，蜂巢在很大程度上依赖志愿者提供增值活动。学生是蜂巢志愿者队伍中不可或缺的一部分，他们与来自社区的其他志愿者一起工作。我们与学生联合会合作，招募的志愿者获得50小时或更多的服务记录，显示在学位成绩单上，并获得当地的伍斯特奖。例子包括提供故事时间的早教学生，支持数字技能访问在线服务的商业/计算机专业学生。

### 17.4.3 快乐学习

快乐学习是伍斯特大学图书馆服务部门针对在蜂巢学习的人进行的一项调查而发起的一项倡议，其中许多人表示有兴趣了解更多更好的学习方法，以获得学业成功和自己的幸福。类似的倡议在其他大学图书馆也有，但是，在蜂巢的背景下，快乐学习网站和附带的健康和学习支持计划也向当地六年级（16~18岁）和大学生开放（University of Worcester Library Services, 2016）。我们也让大学生参与到这个项目中来：营养学专业的学生在健康零食赠送会上向他人传授知识；完成教练模块的学生将进行迷你健身评估；学习创意写作的学生也在博客和“快乐学习”网站上发帖。在所有这些例子中，学生们都将自己的知识运用到环境中，为课程带来了创新和洞察力，同时也获得了宝贵的组织、研究和沟通技能（图17–3）。

**图17–3 伍斯特大学营养治疗专业的一名硕士生为考试成功提供健康饮食建议**

### 17.4.4 互利和下一步

学生们对所有实习/机会的反馈表明，他们在这些角色中获得了宝贵的技能和经验，他们一直提到蜂巢综合图书馆提供的各种机会，这些机会在高等教育环境中是不会出现的。对于蜂巢和更广泛的社区来说，学生的参与为服务注入了活力——这使我们与用户相连，并利用前沿的学习和研究来实践和传递创新理念。

招收和委托的学生有时是一个挑战；学生优先考虑的是（正确地）他们选

择的学习课程。我们对学生进行了一项调查，以了解他们是否了解蜂巢的志愿服务，以及是什么让他们想要做志愿者，这样我们就可以根据学生的需求和服务的需求来塑造角色。作为对这些和其他反馈的回应，我们将继续为学生提供一个有效的工作/志愿者框架，提供入门、培训和清晰的项目简介。

为促进学生对机会和环境价值的投入，我们正在研究通过开发完全嵌入模块的官方认可的工作安排，让学生围绕其特定学习领域参与服务提供的可能性。这方面的例子可能包括为5岁以下的儿童提供住宿和游戏活动的早教学生，或开发应用程序或支持营销功能的计算机专业学生。

蜂巢还为学生提供了一系列进行研究的机会。一些来自其他机构的博士生（PhD）已经把蜂巢作为他们研究的对象。我们最近受益于商学院一位专门研究客户间互动（CCI）的讲师的研究兴趣，他与员工一起进行了一项初步研究，研究CCI对蜂巢广泛客户群的影响。这项研究为员工发展提供了信息，并为我们提供了一种支持整座大楼管理活动的新方法。一个SAP（学生作为合作伙伴）项目正在进行中，教学和早期教育的学生就教学收集资源进行咨询和改进。然而，很明显，学生合作伙伴有更多的机会在学习和教学项目团队中工作，或者让研究生对蜂巢和我们的创新模式的各个方面进行研究。

## 17.5 案例研究2：对商界的服务

### 17.5.1 背景

在蜂巢开放之前，大学商学院已经与当地商界合作，郡议会通过伍斯特郡商业中心（政府支持的增长中心网络的一部分）及其经济研究团队提供咨询和信息服务。这种对协作工作和资源共享的承诺是促进为蜂巢关注的当地商业社区提供服务的关键。然而，伍斯特市图书馆和大学图书馆都没有专注于为商业社区提供定制服务。因此，第一步是提出这样一个问题：合作伙伴如何共同努力，与当地商界接触并为其提供服务；而且这种服务应该是什么样的？

为了帮助回答这个问题，我们成立了一个商业服务指导小组，由蜂巢、大学（图书馆服务和伍斯特商学院）和伍斯特郡议会图书馆和商业支持部门的代表组成。这个小组的职责是讨论想法，分享知识和经验，并找出如何最好地共同努力，帮助提供服务和活动，使商业社区受益。

第一个有影响力的决定是在蜂巢的初始设计中加入一个商业中心。为协助制订这方面的计划，小组咨询了本地商界的代表，并从参观大英图书馆商业和知识产权（IP）中心中获得灵感。到2012年7月蜂巢酒店开业时，位于蜂巢酒店二层的商务中心已经就位，拥有一个时尚的休闲区，可以进行非正式的交流，提供免费Wi-Fi、商业资源（印刷品和专业的在线数据库，如COBRA——完整商业参考顾问），并配备最新技术的设备齐全的会议室。对于使用它的社区来说，有两个主要好处。

### 17.5.2 资源和设施

蜂巢本身就是一个获奖的、独特的设计和建筑范例；这是一座地标性建筑，易于寻找，在困难的经济环境中为每个人提供了更多和更好的资源和服务。

除了上述的商务中心资源，这些资源还包括电脑，打印、复印和扫描设施以及非正式会议场所。蜂巢的工作人员随时为用户提供帮助，并为用户提供他们可能需要的任何进一步的建议，例如由理事会的伍斯特郡商业中心、商会和LEP（地方企业合作伙伴关系）提供的商业支持建议，他们为企业的启动、运营、发展和融资提供建议和支持。对于伍斯特大学来说，它本身就像一块强大的磁铁，为伍斯特郡的经济和知识增长作出了贡献，这种联合思考和图书馆服务的扩展是非常有益的。在学生和所有大学课程中培养创业精神，并与企业建立联系正变得越来越重要。以蜂巢为图书馆的大学生和教职员工，可以很好地利用合作伙伴关系提供的额外服务。因此，除了“常规”大学提供的学习资源（书籍、期刊和专业数据库）、信息素养教学和学校学术联络型图书馆员的个人支持，蜂巢还提供商业活动、培训和网络——帮助学生与工商界建立真正的联系。对于伍斯特商学院的学生来说，蜂巢本身也被证明是一个有吸引力的案例研究，它被包含在运营管理模块中，并成为一些学生论文的主题。

### 17.5.3 活动计划

在蜂巢中，商业社区的活动计划的发展依赖于与一系列伙伴的合作，包括技能研讨会、商务早餐和讲座。技能研讨会已成为该计划的一个关键要素，包括免费研讨会：销售、自我指导、市场营销、社交媒体、税务、网络安全和网页设计。其中许多讲习班由郡议会组织，由合作培训公司经营，并由政府资助。蜂巢为这类培训提供了一流的场所。其他活动还涉及来自当地商界的专业演讲者。蜂巢活动也受益于大学讲师的专业知识，他们与本地商界分享了网络安全和其他主题的知识。事实证明，这些研讨会非常受欢迎，我们已经能够建立一个与当地组织联系的数据库，并拥有一个不断扩大的用户数据库。

特别成功的是由当地公司赞助并在蜂巢举办的定期商务早餐（图17–4）。Haines Watts（一家当地会计师事务所）目前是我们的固定赞助商，我们最近成功地引入了其他赞助商，如Sutcliffe & Co（一家当地保险经纪公司）和FreshNous（一家当地数字创意营销机构）。我们每年举办大约6场活动，平均吸引30名与会者，为当地商界提供了有用的信息和交流机会。主题多种多样，从员工评估到网络要件认证。

更详细的商业报价信息，请参见Allen（2016）。

图17–4 商务早餐

### 17.5.4 什么效果不太好?

我们与众多合作伙伴合作——伍斯特郡议会，伍斯特大学，商界，伍斯特商业改善区（BID），商会，伍斯特市议会，伍斯特CrownGate购物中心，伍斯特郡LEP——这是一个真正的优势，并创造了一个良好的联系和组织网络。然而，与此同时，缺点可能是知道谁在做什么、什么时候做什么、在哪里做什么的复杂性。当然，组织不会保持静态，地方政府和中央政府内部的资金压力和重组可能会带来一些并不总是可以预测的挑战。我们继续努力与合作伙伴沟通，及时了解变化。

人员配置也可能是一个挑战。尽管蜂巢的商业优惠主要是组织网络的利用，但重要的是让个人提供业务发展的主要联系点，与当地企业、伍斯特郡商业中心和其他机构合作，组织活动和协调活动。2014年至2016年夏季，我们有幸获得了业务发展研究生实习生的资助，作为大学动力项目的一部分，这在与商界建立伙伴关系和组织活动方面非常成功。这一资助现在已经停止，郡议会的一名活动官员已经开始在蜂巢组织活动。该服务的日常运行和管理由一些与业务有关的工作人员执行，包括活动官、业务发展经理、营销和沟通官、蜂巢管理团队和伍斯特商学院的学术联络型图书馆员。这样做的好处是，我们通过合作伙伴关系来提供这项服务。然而，如果没有一个专门的角色，建立网络、成长和提供领先的服务是具有挑战性的。

### 17.5.5 下一步

未来的伙伴关系和持续的合作将是服务增长的关键。伍斯特郡LEP、大学、伍斯特郡议会和伍斯特市议会之间有广泛的合作，重点是创业和创新。

伍斯特郡也因网络产业而闻名，蜂巢为培训和商业支持提供了很好的空间。

伍斯特大学新开设的法学院计划在不久的将来举办商务早餐，以补充我们的活动计划。他们还计划开设志愿咨询门诊，这将是未来的另一项重要举措。

通过瞄准当地商业社区，蜂巢无疑创造了一种独特的服务，可以触及更广泛的当地商业社区并使其受益。蜂巢不仅是议会图书馆或大学图书馆，还提供了在正式和非正式环境中进行网络和学习的空间和设施。

## 17.6 结论

随着蜂巢即将迎来5岁生日，伙伴关系仍然是其核心，其价值观继续指导服务和活动。

如果任何一个组织都是单独运作的，那么创建有意义的合作和合作伙伴关系将是一个附加功能，但这个独特的图书馆的成功体现在几乎每天都会出现的新机会上——远多于我们有能力追求的。我们面临的挑战仍然是优先考虑这些机会；识别并跟进那些将对我们的主要受众产生最大影响的机会，实现我们的目标，实现愿景。鉴于上述挑战，前景仍然光明，我们期待在我们的合作伙伴关系的激励和促进下，取得新的、令人兴奋的发展。

# 第18章

# 苏格兰高等教育数字图书馆（SHEDL）：成功、挑战和未来

艾莉森·史蒂文森[*]，苏珊·艾什沃斯[+]，吉尔·埃文斯[‡]
* 格拉斯哥艺术学院，英国苏格兰格拉斯哥
+ 格拉斯哥大学，英国苏格兰格拉斯哥
‡ SCURL，苏格兰国家图书馆，英国苏格兰爱丁堡

## 18.1 引论

苏格兰学术和研究型图书馆在为共享服务的实际发展创造成功框架方面有着悠久的历史，特别是在内容购买和订阅内容的国家许可方面。通过合作行动和更广泛的苏格兰高校图书馆与研究图书馆联合会（SCURL）努力合作，在苏格兰建立合作图书馆基础设施，这已经并将继续成为最大限度地获取资源的一项重大成就。

苏格兰高等教育数字图书馆（SHEDL）于2009年由SCURL建立。本章考察了SHEDL在2017年的情况，并回顾了工作的演变，指出了重大的成功以及当前的挑战。

## 18.2 SHEDL模式

SHEDL的成员包括所有18所苏格兰大学和高等教育图书馆，其中包括两所罗素集团机构，一些“92后”大学和专业机构，如格拉斯哥艺术学院和皇家

音乐学院，以及苏格兰国家图书馆和苏格兰国家博物馆。[1]因此，SHEDL成员包括世界上一些最古老的大学图书馆和一些最新的大学图书馆。每个图书馆都是其特定历史和学科组合、不同学术和学生团体以及地理位置的产物。一些图书馆支持基础广泛的教育；其他图书馆则有它们的专长。SHEDL包括高等教育以外的机构，如苏格兰国家图书馆、国家博物馆和爱丁堡皇家植物园，它们的用户从联盟谈判的交易中受益。总的来说，SHEDL成员提供了广泛而深入的教育机会，包括150个学科团队中的4500多门课程，涵盖独立研究人员、成人学习者、学童、学科爱好者和当地社区团体。2017年，SHEDL签订了21份合同，显示了从2009年的3份合同开始的持续增长。

虽然我们与Jisc Collections等机构密切合作，但我们的协议模式与Jisc Collections机构谈判的模式有很大不同，因为每个高等教育机构（总体上）都需要购买SHEDL谈判的协议，而SHEDL的基础是向在苏格兰高等教育机构工作的所有员工和学生提供内容。

苏格兰国家图书馆的参与是很重要的，因为这意味着苏格兰研究人员的访问不仅限于在高等教育学院工作的人，任何主要地址在苏格兰的人都可以成为苏格兰国家图书馆的注册用户，并在他们自己的计算机上访问SHEDL的许可资源。同样，任何人都可以在爱丁堡和格拉斯哥公共图书馆的计算机上访问数字资源。SHEDL已经两次扩展了具体的合作伙伴关系：首先与北爱尔兰最大的两所教育机构——贝尔法斯特女王大学和阿尔斯特大学进行了纸质期刊的采购；其次与苏格兰国家卫生服务教育（NES）与出版商Karger签订了一项基于承诺的协议。

SHEDL最初的重点是联合采购电子期刊，因此，这只是SCURL联合采购活动的一部分。例如，SCURL通过其SCOPNet工作支持联合采购纸质期刊，以及电子书。SCURL董事会最近同意，SCURL成员进行的所有联合内容采购都将

[1] 所有 SCURL 成员都是 SHEDL 成员，反之亦然；爱丁堡和格拉斯哥的两家大型参考图书馆除外，它们是 SCURL 的成员，但选择不加入 SHEDL。英国皇家植物园于 2013 年加入了 SCURL，并参与 SHEDL 协议。

在SHEDL的旗帜下进行，因为这是一个众所周知的、容易识别的品牌。

## 18.3 成功的合作：随着时间的推移，目标一致

在很大程度上基于他作为SHEDL主席的经验，Richard Parsons，邓迪大学的图书馆员，确定了一系列定义共享服务的成功协作创建的特征（Parsons, 2016）。特征列表包括约37个项目，分为五个不同的领域：战略、设计与规划、操作、可持续性，以及关闭。SHEDL的工作展示了许多这些特点，并突出了以下特别因素：目的一致、信任、风险容忍度以及仔细选择合作的服务领域。

在战略层面，目的一致或目标一致一直是而且将继续是重要的。这是由SHEDL服务的总体SCURL目标决定的：

· SCURL致力于改善和开发服务，造福于使用我们图书馆的人，并通过合作行动和共享服务最大限度地利用资源。

· SCURL与其他组织、部门和领域合作，在苏格兰建立图书馆合作图书馆基础设施，更具体地说，SHEDL的发起目标明确，即通过合作、基于承诺的采购和许可，增加苏格兰范围内高等教育对数字期刊内容的访问。

## 18.4 研究池

2009年，苏格兰资助委员会（SFC）研究池的建立直接推动了这一进程，苏格兰不同高等教育机构的研究人员在一个特定的学科或学科上形成了一个临界群体。研究人员对各个机构订阅的同一期刊内容有不同的访问权，这造成了一种不公平的局面，不利于成功的跨机构研究。在这一点上，SCURL在合作获取期刊和图书内容方面有着悠久的历史，因此扩展到创建SHEDL是一个雄心勃勃的愿望，并且是一个可过渡的管理。爱丁堡大学和格拉斯哥大学为一项调查研究提供了资金，以评估苏格兰范围内的高等教育机构获取期刊内容的可行性。这项研究采访了利益相关者，包括来自苏格兰大学（苏格兰19所高等教育机构的代表机构）的高级大学管理人员、政策制定者以及图书馆员。该研究发表于2007年（Cox, 2007）。它的结论是，以承诺为基础的模式可以节省费用，

实现更广泛的使用，并将有利于苏格兰。因此，SHEDL一开始就有一个明确的目标。

## 18.5 SHEDL的复杂性

随着学术出版市场和高等教育环境在SHEDL存在8年中的不断发展，我们已达成共识：我们正在创建的服务越来越复杂，需要定期进行有意义的审查，并仔细选择合作的内容采购领域。随着文章处理费（APC）作为开放获取学术出版环境的一部分出现，SHEDL与个别出版商协商APC折扣和/或代金券成为合同的一部分。因此，合作采购不仅是购买内容，还包括支持研究人员发表他们的研究成果，使苏格兰的研究成果不仅在苏格兰内部，而且在全球范围内都能公开获取。

随着出版商以数字格式提供越来越多的内容，重点已由最初的采购内容以支持研究集群，扩展到现在的协作采购，包括专门针对学生学习的内容以及新形式的学术数字内容。

Parsons（2016）指出，SHEDL工作几乎直接位于图表的中心，图表的复杂性与合作小组的规模和灵活性有关。在单一或数量小的机构中，灵活性通常是最高的，扩展到大型国家计划，如NESLi许可，其灵活性就有限了。在国家共享服务中，合作的复杂性通常很高，甚至在区域一级，服务的复杂性也可能涉及参与图书馆的专家。可以设想相似度共享指数或价值，其中流程或服务的相似性越大，参与机构的效率增益就越大。对于Parsons来说，SHEDL的规模和解决的问题恰到好处，为成功的协作服务创造了“最佳点”。

在复杂和不断变化的环境中，SCURL讨论我们共享内容采购活动的总体的能力是非常重要的。它允许与所有利益相关者进行明确的沟通，以促进对采购问题的相互理解，并维持共同承诺，确保尽可能实现最佳性价比、许可条款和条件以及保护安排。正如我们前面所述，SHEDL已经发展到涵盖所有SCURL共享内容采购活动，尽管并非所有通过SCURL完成的协作采购工作都是数字化的，也不是所有工作都创造了一个真正的“共享图书馆”。

纸质和电子采购之间的界限，以及导致所有联盟成员一致访问的交易与导致成员一致定价和许可条款的交易之间的界限，并没有严格和明确的划定。尽管如此，为所有苏格兰用户扩展访问内容，并从新内容采购预算中为苏格兰获得最佳价值，目标的一致性支持SHEDL成员有能力且愿意超越最初对电子期刊内容的关注，将所有SCURL共享内容采购纳入SHEDL的支持。

## 18.6 在多元化联盟中工作的挑战和机遇

考虑到联盟机构的多样性，大学的资助环境，特别是每个机构的图书馆服务的资助范围很广。SHEDL模式考虑了机构的规模及其图书馆预算和费用的分配。在苏格兰，我们感兴趣的是研究资助内容的不同模式，特别是从历史上的印刷物支出转向考虑，例如，将机构收入作为成本分配的基础。这可能会给每个机构分配到的成本带来一些波动，需要注意对个别机构的情况保持敏感。英国脱欧公投后英镑的贬值也可能影响图书馆的预算。在这些具有不同战略目标、不同任务强度（教学与研究）、不同结构（一些图书馆服务包括了电子学习，这影响了他们感兴趣的许可内容类型）的不同机构之间开展工作，对我们希望授权的内容类型和整个联盟的内容成本都是具有挑战性的。这些因素会给SHEDL模式带来一些压力。然而，苏格兰的高等教育机构致力于SHEDL并使其取得成功，特别是在苏格兰政府承诺共享服务的背景下。

SHEDL与APUC密切合作，使用不同的采购模式，例如，内容招标以及与出版商直接谈判。与APUC的关系对电子书和纸质书籍的采购特别有帮助，APUC在欧盟采购法规和合同维护方面提供专业知识和指导。不断发展的开放获取环境也为我们与出版商的谈判带来了挑战。对于更多研究密集型机构来说，抵消文章处理费已经成为任何交易的重要因素，但这并不是轻易或直接商定的。

并非所有出版商都准备采纳SHEDL模式，在某些情况下，就联盟可接受的条款重新协商是不可能的。在这些情况下，高等教育机构可以自由地利用其他机构谈判达成的协议，直接与出版商谈判，或者在没有内容的情况下进行管理。

该联盟还在研究授权其他类型产品的可行性，例如数据库、在线课程和学习对象。

## 18.7 SHEDL方法的好处

与出版商谈判的SHEDL协议为该联盟内的所有机构提供了物有所值的服务。机构可以访问他们原本可能没有考虑过的内容，并发现他们的员工和学生使用这些内容。SHEDL的工作加强了苏格兰各机构之间强有力的合作关系。高等教育机构有时会投入大量资金来共同采购内容，而这需要并促生联盟中的信任。这促进了其他领域的合作，如馆藏管理、图书馆管理系统（LMS）的采购，以及近来的一种新的学术期刊代理。

在苏格兰，合作采购的一个重要好处是，员工有机会在SHEDL的战略发展和其他采购活动上共同努力，并领导与个别出版商的谈判。SHEDL管理结构，特别是SHEDL工作组，执行联盟的日常业务，使其组织中的中层管理人员能够在苏格兰担任领导角色。这是在为他们的个人机构重建能力。整个联盟也实现了规模经济——一个人代表19个机构与出版商谈判，而不是19个人谈判（这也是出版商的一个卖点）。联盟依靠成员的人力投入，正在积累的专业知识是无价之宝。

## 18.8 可信的工作关系

所有这些工作的基础是信任。SHEDL处在幸运的位置——是一个相对较小的组织、有着相当悠久的历史。Kidd和Stevenson（2010）阐述了这样做的好处：

> 苏格兰高校图书馆与研究图书馆联合会（SCURL）自1992年以来一直以该名称存在，早期的化身可以追溯到1977年。SCURL的长期存在，涉及的人数相对较少，导致了苏格兰馆长级图书馆工作人员之间高度的个人互动和信任，培养了一种氛围，在这种氛围中，合作

是一种预期的方式，当然，这基于对机构雇主的主要忠诚的认可。

成员们理解信任的需求，重视已经存在的关系，并努力定期保持联系和信任。定期举行面对面会议，并在工作组内分配个人谈判的领导权。SHEDL没有正式的构架（尽管SCURL有）。SHEDL向SCURL业务委员会定期报告，帮助图书馆馆长持续参与使员工有预算和时间参与的支持工作。重视机构和个人的多样性，鼓励和支持任务专家将他们的经验、知识和热情应用到工作中。在SHEDL内部，我们认识到战略和运营需求可能会冲突，而个体成员之间存在信任，当与上述目标一致性相结合时，这种信任使SHEDL在探索新的采购模式时可以承担一些风险。这是因为总体而言，该集团可以容忍适度的损失（例如对OA期刊的投资），即使在结果不完全明确和确定的情况下（例如电子书框架），也可以共同努力。

苏格兰高等教育图书馆在采购合作方面的高度信任和丰富经验，以及我们与APUC的牢固伙伴关系，为内容领域以外的其他SCURL采购活动的成功作出了贡献。最值得注意的是，2016年，APUC为苏格兰图书馆管理系统采购创建了一个框架，到目前为止，已有两家机构进行了采购。有趣的是，SCURL确实考虑了一种基于承诺的图书馆管理系统采购方法，即为所有苏格兰高等教育机构购买单一LMS寻求共识，但SCURL认为这种共识可能很难达成。WHELF，即威尔士的SCURL，确实曾决定为所有威尔士高等教育机构提供单一的LMS，WHELF与SCURL持续定期交换信息，了解这两种不同的方法如何为图书馆用户和整个国家提供价值。

## 18.9 未来

面对日益增长的预算需求（实际预算仍然紧张或与支出持平），以及持续以高于通货膨胀的速度上涨的出版物价格，很少有SCURL图书馆能够提供所有期刊、专著和其他他们想要的内容。在这种背景下，SCURL合作内容采购活动是一项重要的举措，通过使整个苏格兰更容易获得知识和扩大可获得内容的范围，加强了苏格兰高等教育和研究部门的世界一流地位。然而，随着预算的减少，SCURL协作内容采购也面临风险。2016年，SHEDL在仔细研究了使用数据后，共同决定不再续签合同，因为几个成员无法支付合同的拟议成本。我们希望通过采取果断行动，如不续签合同，SHEDL能在与其他出版商的谈判中处于更有利的地位。

在已经摘得了“低垂的果实”——对所有成员具有广泛吸引力的期刊包之后，在战略层面上，达成有目标的结果——这显然为所有成员带来了价值——将仍然是一个重大的挑战。SHEDL不会仅仅为了能够说“我们在持续增长”而寻求扩大我们的合同组合的规模。重新商议现有合同以获得更有利的条款，与涵盖APC、海外校园覆盖和高质量元数据传输（发现层整合）等网络要素同样重要。决定何时通过SHEDL在苏格兰国家层面就内容进行谈判，以及何时通过参与英国谈判为苏格兰带来最大价值，将仍然是一个持续的挑战。

SHEDL还可以做更多的工作来使用丰富的虚拟会议环境来提高参与度。到目前为止，SHEDL已经成功地使用了共享邮件列表，以及共享网络文件存储来促进对文档的共享访问（在SCURL网站上有一个会员专用部分，同时还有邓迪大学管的Box）。当需要正式达成协议且无法进行面对面的会议时，偶尔会召开远程会议来补充。我们还没有探索视频会议工具或Slack等团队消息传递工具，这样做可能会受益。然而，任何数字参与和协作工具使用的增加，都需要以一种不破坏成员之间信任的核心要求，以及通过面对面对话定期加强这种信任和个人关系的方式来完成。

## 18.10 统计

2016年，SHEDL成员在采购协作内容上花费了670万英镑，此外，SCURL成员在订阅代理合同、电子书和纸质书籍上花费了1350多万英镑。这些都是直接由机构资助的；苏格兰资助委员会对这项活动没有中央拨款。通过SHEDL的合作内容采购意味着可以平等地访问来自大约15家领先学术出版商的3460多种在线期刊和39000本电子书。2017年，SHEDL签订了21份合同，从2009年的三家出版商开始持续增长。

· 与通过Jisc Collections购买相同的内容相比，参与SHEDL电子书交易的一家机构节省的费用总计超过16万英镑。

· 实质性的访问得到了证明，例如，一家供应商报告了2016年超过80%的馆藏访问。

· 一家供应商报告称，大多数机构使用了供应商内容中85%的电子书标题，这证明了访问的平等性。

· 2016年，一家供应商在SHEDL成员中收到了超过500万份片段请求，证明了使用量的增加。

· 我们已经证明了效率的提高和运营成本的降低，因为工作组的领导成员代表联盟与出版商联系和谈判，其他成员代表联盟负责与特定出版商整理元数据，因此效率的提高是显而易见的。该联盟确实同意共同资助SHEDL数字图书馆员职位，该职位集中了原本会被分散的报告工作。

· 除SHEDL之外，其他采购工作有向一家商业供应商购买的对电子内容的单点访问、一项独家供应商订阅代理合同、纸质书合同的续签，以及电子书小型竞价的继续。

· 通过从开发SHEDL的合作经验中获得的专业技能和知识，我们的同事有能力将SCURL的合作采购范围扩大到其他格式、工具和图书馆基础设施，直接支持SCURL战略计划2017~2019。

# 第19章

# OCLC：促进国内和国际学术图书馆之间的合作与创新

安德鲁·K·佩斯，汤姆·斯托利

OCLC，美国俄亥俄州都柏林

## 19.1 介绍

OCLC是一个独特的组织，拥有充满激情和投入的全球会员。我们的历史源于合作和资源共享，我们的未来也依赖于此。

在过去的50年里，成员图书馆通过合作不断地重塑自己，以满足其社区的新需求，从最初的国家组织开始，然后发展成为一个国家和国际组织。

服务从俄亥俄州的编目和馆际互借（ILL）系统发展成为图书馆数据和共享服务的全球网络：

· WorldCat —— 世界上最全面的图书馆馆藏信息数据库。

· WorldShare——基于云的图书馆服务平台，通过一个员工用户界面集成了所有工作流程，包括编目、搜索、收购、许可、赞助人管理和流通。

在这条道路上的每一步，随着合作组织在地域和文化上的扩展和成员多元化，管理、产品开发和研究以及持续技术变革的需求都面临着挑战。国际合作组织调整了政策和计划，创造了新的服务和计划，以应对这些挑战，并将全球图书馆聚集在一起，推动这一行业的发展。

此外，多年来，图书馆合作服务的本质已经发生了变化，尤其是在图书馆联盟之间。传统的协作型服务——目录记录供应、ILL、联合目录和共享获取——已经被电子内容共享许可、预算管理、出版物共享计划、数字计划和专业发展的需求所超越（Perry, 2009）。OCLC一直在努力跟上图书馆合作领域快速发展的步伐。

截至2016年12月，我们有来自120个国家的16500多家图书馆的图书馆员、技术人员、研究人员、先驱、领导者和学习者。我们的目标是让所有人都能获得知识，因为知识可以改变生活。通过协作和分享世界上收集的知识，图书馆可以帮助人们产生更好的想法，更具创新性，并找到他们需要解决的问题的答案。OCLC成员图书馆、员工和合作伙伴共同努力，使突破成为可能。

本章将把OCLC作为全球和国家范围内学术图书馆合作的一个例子。我们将探讨它的成员和管理结构，以及它的合作服务和合作数据。我们将描述OCLC在促进协作和创新方面所做的工作，并反思管理和发展图书馆合作所面临的挑战和问题，最后我们将讨论国际合作对图书馆行业的重要性以及进一步合作的机会。

## 19.2 管理问题：OCLC走向国际协作社区之路

从一开始，OCLC就是一个由成员驱动的非营利合作组织（Jordan, 2009）。加入合作组织的一个关键好处是有机会参与OCLC的管理，这是OCLC的一个决定性特征。OCLC是一个会员制组织，其成员在反映地方和地区对当今图书馆面临的问题的看法方面发挥着重要作用。这种参与有两个主要组成部分：

· 成员图书馆通过选举产生的代表发出自己的声音，并被鼓励积极参与成员活动，包括选举、地区会议、成员论坛、咨询小组和用户社区，以及通过与选举产生的代表和OCLC工作人员的直接对话。

· 成员选举代表负责选举OCLC理事会的六名受托人，并对OCLC成员定义的变更进行投票。

1967年，在俄亥俄大学图书馆中心，54所创始大学的校长和图书馆馆长与9名董事会成员一起担任管理顾问。他们在全年的会议上与成员图书馆员会面，包括年度会员会议。

十年后，随着合作组织发展到俄亥俄州以外，采用了一种新的管理结构，将会员扩展到俄亥俄州以外的图书馆。俄亥俄大学图书馆中心更名为OCLC，新的结构包括一个用户委员会，由图书馆选举的成员代表组成，就OCLC的战略方向和新产品和服务的开发提供建议。

在过去的15年里，随着OCLC在全球范围内的发展，世界各地的图书馆员越来越多地呼吁扩大OCLC管理机构的代表性，而在OCLC服务扩展到欧洲、亚洲、澳大利亚和新西兰、加拿大和拉丁美洲的时候，这些机构几乎没有国际代表性。因此，自2000年以来，OCLC对其管理政策进行了三次调整，以扩展会员定义，并允许管理上更多的全球参与。其目标是反映在会员和合作组织的数据库WorldCat中所呈现的语言、文字、馆藏和文化日益增加的多样性。

2001年，OCLC将用户委员会更名为成员理事会，增加了来自美国以外世界各国的六名国际代表。来自中国、法国、日本、墨西哥、荷兰和南非的新代表开始参加会员聚会，并帮助OCLC开始从国家合作组织向全球合作组织过渡。

2008年，管理再次发生变化，要求从成员理事会转变为新的全球理事会，代表从三个新成立的地区委员会中选举产生：美洲区域理事会、亚太区域理事会，以及欧洲、中东和非洲区域理事会。由三个地区委员会组成的全球理事会的概念旨在通过确保OCLC在全球层面的管理中具有代表性，从而在世界各地的成员之间建立牢固的联系。

最近的变化发生在2013年，当时成员和管理协议发生了变化，以培育一个重视知识内容共享和相互机构支持的环境。扩展的会员定义涵盖使用特定的共享服务和新的WorldShare平台，包括使用OCLC管理的图书馆系统。这些图书馆现在有资格成为会员，并在地区议会选举中拥有完整的投票权。这一改变是由于欧洲和澳大利亚的许多图书馆使用的主要OCLC服务是综合图书馆系统（ILS）。这些图书馆在财政上支持OCLC，但在OCLC的管理中没有发言权。

如今，美国以外的全球理事会成员人数为23人，几乎占代表团48名成员的一半。亚太区域理事会和欧洲、中东和非洲地区理事会的参与和活动都在不断增加，每年的会员会议吸引了来自60多个国家的300多名与会者和演讲者。

这一扩大的全球管理结构不断发展，并反映了全球成员机构的需求。它正在实现创始人的愿景，即在全球范围内创建共享资源，支持以图书馆为核心的学习和创新。它也为合作（扩展技术、根据地区和国家本地化产品功能以及确保“全球思考，本地行动”的心态）提出了新的挑战。

OCLC在维持其管理方面的成功是基于图书馆为了更大利益而分享知识成果的意愿。这一理念对图书馆和图书馆员来说是革命性的，但对世界各地的图书馆用户来说更重要。

## 19.3 协同服务

随着OCLC合作组织进入第六个十年，协作服务在今天仍然像1967年一样重要。协作服务通过共享数据、工作和资源帮助图书馆实现规模经济，无论是早期的集中编目和卡片制作，还是如今图书馆服务平台的共享应用程序和工作流程。我们的目标始终是提高图书馆的效率，使图书馆的资源更容易获得。

每一个十年都会在技术和内容方面带来新的挑战，OCLC必须不断作出决定，将有限的资源与几乎无限的机会结合起来。继续提供只有一小部分会员使用的服务是否符合合作组织的最佳利益？在什么情况下，提供一项服务的成本会超过收益？当前的服务是最好的解决方案吗？

与OCLC最初的54个成员图书馆类似，当今的图书馆也面临着快速变化的环境、不断变化的用户需求，以及不断增加的评估和传递影响力的压力。OCLC服务旨在通过共享数据、简化工作流程以及将人们与世界各地图书馆馆藏中的知识联系起来，帮助图书馆应对这些挑战。它的协作网络还利用社区工具和资源将图书馆员和图书馆工作人员相互联系起来，以帮助扩大学习和创新。

### 19.3.1 首要原则

OCLC在基于共同经营和管理的工作流的图书馆服务平台上开发了它的应用策略。从编目和知识库管理到图书馆资料的发现和提供，OCLC给出了一套可扩展的、灵活的解决方案，旨在保护小组成员的自主权、隐私权和政策差异，同时利用共享数据、基础设施和社区带来的机会。

一般来说，图书馆，特别是图书馆联盟，正在寻求新的成本节约和规模，以满足其最终用户并简化其员工的后台操作。联盟的需求也已经远远超出了传统的对共享技术服务和ILL的关注，涵盖对团体许可谈判、印刷收藏品的存储、学术交流和开放获取以及员工培训的关注。OCLC通过在书目、电子资源、索引检索和机构内容的综合数据库上提供应用程序和服务，努力跟上这些变化和联盟的发展。与此同时，OCLC继续加强传统的技术服务、联合借阅和联合目录发现需求。

### 19.3.2 综合管理

#### 19.3.2.1 编目

这种共同管理模式始于OCLC 45年的合作编目历史。截至2017年4月，OCLC已将其所有管理和搜索应用程序建立在3.93亿条记录的全球数据集上，其中WorldCat持有25亿份相关股份；平均每秒都会有一个新的记录被添加到WorldCat中。

WorldCat是目前对全球图书馆合作的最大贡献之一。WorldCat呈现了近500种语言和方言，数以百万计的数字化对象、论文、乐谱和电子资源，它既支持通过FirstSearch进行精确搜索，也支持许多最终用户期望的偶然发现。

随着过去几十年数字技术的飞速发展，不断寻找创新的机会并尝试新事物是很重要的。虽然特定的某个实验可能最终不会成为长期的服务，但研发过程本身往往会为新的理解提供重要的反馈。

在20世纪80年代后期，OCLC冒险进入CD-ROM技术，利用存储在光盘上的部分WorldCat数据提供离线编目服务。虽然这项服务有助于支付访问OCLC在线系统的费用，但它没有吸引足够的会员，并于20世纪90年代初停止使用。

20世纪后期，图书馆在描述网络上不断扩展的资源方面的努力导致了OCLC CORC（合作在线资源目录）项目。网络搜索引擎和在线数据库技术的发展远超图书馆对互联网编目的尝试。事实证明，在数字时代，共享编目的成功是难以匹敌的。此外，许多发展导致了流行的、至今仍在使用的都柏林核心标准，用于描述图书馆使用的网络和数字化资源。此外，CORC接口成为连接浏览器，用作所有材料的日常网络编目客户端。

19.3.2.2 馆际互借

有了WorldCat这样全面的数据库和图书馆馆藏的准确表达，ILL才能蓬勃发展。OCLC成员每18秒填写一次ILL请求。然而，OCLC仍然认识到，越来越多的互联网流量不会是全球性的。图书馆寻求一种解决方案，以促进在封闭联盟的成员之间快速交付材料，体验轻松发现和快速交付可退回项目。

由于OCLC认识到其资源共享和交付服务需要更紧密地集成，因此多年来通过一系列服务构建和完善了这一功能。

OCLC最近对Relais International的收购有助于促进资源共享的这种转变；它与OCLC的愿景是一致的，即提供一种新的服务来满足联合借阅用户的需求。

19.3.2.3 WorldShare管理服务

WorldShare管理服务（WMS）是一个全面的、基于云的图书馆服务平台，旨在集成上述协作服务，以及实现对采购、串行控制、用户和流通控制的组管理。一系列报告还有助于图书馆和团体了解活动并跟踪一段时间的关键指标。

有争议的是，一旦一个图书馆可以通过网络与另一个图书馆共享书目记录，“规模”就已经实现了。当涉及图书馆管理系统时，这个基准就更难辨别了。然而，图书馆服务平台最可衡量的成就是云架构，它消除了整个图书馆对重复系统和工作的需求。在可能的地方，OCLC努力在整个管理系统中引入其他网络效应。这些协作工作被构建到传统的技术服务、电子资源管理（ERM）和访问服务工作流程中。

回顾过去的图书馆管理工作，如OCLC的独立LS2000、CORC和CD-ROM，很明显，图书馆协作的成功取决于部署的规模。独立的图书馆管理系统和CD-ROM未能产生保证图书馆寿命所需的引力。全球图书馆采用WMS的快速增长，不仅扩大了传统编目和互查服务的规模，而且积极预示着图书馆未来的合作努力。

（1）技术服务

将共享编目扩展到项目和馆藏级别的获取活动，为OCLC提供了几个复制WorldCat提供的共享服务模型的机会。面临的挑战是在利用共享数据的同时保持图书馆在其本地运营中所期望的自主权。例如，事实证明，向联盟表明某一标题已经被其某下属机构订阅是非常有益的；然而，暴露馆藏预算的剩余金额或允许其他成员负担这些资金将被证明是不受欢迎的。

将OCLC作为图书馆管理云端系统也给传统的编目服务带来了挑战和机遇。OCLC已经在为图书馆开发一种存储和搜索本地书目数据的方法（MARC数据通过只与单个图书馆相关的字段来扩展共享目录记录）。使用WorldCat作为本地库存控制的基础，增强了WMS早期采用者对这一特性的关注。

虽然早期的图书馆非常重视电子资源的管理，但这并不意味着OCLC缺乏重新构想连续纸质出版物管理的机会。创建串行模式的一种新的协作方法获得了WMS用户的积极响应。与共享的目录记录类似，合作的努力在技术服务中避免了大量的重复工作。

如你所见，利用合作还可以提高对数据、馆藏和工作流程的认识，这些内容使图书馆独一无二。OCLC继续在本地馆藏管理中追求更多的网络效应，同时确保图书馆能够强调其独特的属性。

（2）电子资源管理

管理授权馆藏为合作创造了更多的绿地。ERM系统仍然处于发展的相对初期，在利用元数据管理和共享系统的网络平台方面做得很少。协作努力并没有超出共享标准的开发，例如NISO ERM计划。OCLC的早期工作——馆藏服务——是一个良好的开端，但是缺乏详细的在线期刊覆盖声明，这阻碍了图书馆在ERM系统中寻找详细信息以引导读者找到正确的在线资源。因此，在其下一代协作ERM项目WorldShare许可证管理器中，OCLC努力寻找机会，在其许可证和电子资源知识库功能中构建更多协作工具。

从一开始，OCLC就开发了一个名为供应商信息中心（VIC）的共享供应商数据库模型。以WorldCat为模型，VIC允许图书馆提供供应商、出版商和供应商记录，这些记录可以被所有WorldShare图书馆共享，同时允许存储本地元数据，如账号或自定义登录信息。与上面的串行模式示例类似，这减少了几十年来在图书馆中发生的重复工作。

许多图书馆还在与供应商的协议中共享完全相同的许可细节。WorldShare许可管理器将允许图书馆自定义和共享馆藏，并创建许可模板与联盟成员或图书馆社区共享。这项工作的第一个成果是共享许可馆藏的馆际借阅条款，使图书馆能够立即确定借阅和借阅权利，而无须查阅冗长的许可文件。

这些努力取得了成功，而其他人却失败了，因为这些工具和数据使图书馆不必重复工作。

（3）访问服务

除了联盟成员之间的直接流通，在流通系统中寻找网络效应被证明是一项艰巨的任务。然而，重新想象系统开发中的历史规范的机会允许OCLC在多租户云环境中建立一些新服务。例如，WMS允许图书馆通过“扳动开关”创建图书馆用户的虚拟联合目录，同时保持对私有数据以及本地流通和计费规则的适当控制。

本地服务与更全球化服务（即ILL）的更好集成主动显示了更多的机会。图书馆管理系统因缺乏与借阅服务和联合借阅服务的整合而备受诟病。通过将OCLC的资源共享应用程序迁移到WorldShare平台（WorldShare ILL和最近的Tipasa），可以更容易地获得即时收益和未来潜力。

### 19.3.3 以用户为中心的发现

Lorcan Dempsey推广了一种概念，即扭转传统的在图书馆生活中评估用户的方法，转而关注用户生活中的图书馆。为了解决这些问题，OCLC开发了一个名为“用户研究”的OCLC研究主题。这项研究活动的基本原理是，通过向图书馆社区提供有关个人感知、习惯和需求的行为证据，OCLC可以确保未来图书馆服务的设计完全以用户为中心。

有证据表明，终端用户喜欢单一搜索框发现服务的便利性和简洁性。

OCLC的搜索策略与终端用户（无论是本科生、研究生还是教师）的新期望保持一致。无论是试图确定一个标题是否为本地所有，一篇文章是否获得许可，还是WorldCat中是否有人拥有对您的研究重要的标题，OCLC的WorldCat Discovery使用户更易于查找和获得他们需要的资源。

OCLC也认识到图书馆参考、ILL和研究型工作人员的不同需求，他们寻求一个合作构建的、全面和权威的书目数据库，以帮助研究和实现的工作流程。

当我们致力于开发WorldCat Discovery时，成员们明确表示，他们重视FirstSearch的独特功能，包括它对WorldCat的搜索能力以及版本和格式的非集群视图。虽然跨大量内容进行搜索对终端用户来说很重要，但对许多图书馆员来说，搜索WorldCat数据库本身是一个优先事项。基于这些反馈，我们将继续提供一个新版本的FirstSearch，独立于WorldCat Discovery。FirstSearch和WorldCat Discovery都将通过一个通用的技术基础设施进行访问，该基础设施具有可移动的现代界面。虽然单一的搜索界面在某些方面提供了简化的好处，但它并没有超过两种不同服务的价值，它们更直接地匹配两种不同的图书馆用户群体的工作流程。

围绕搜索的协作努力主要是来自用户社区的反馈。不仅一个好的产品会围绕其构建一个社区，而且一个强大的社区有助于创造更好的产品。在围绕OCLC产品和服务的使用建立一个更强大的专业网络平台的过程中，这一格言得到了检验。

### 19.3.4 协同工作

超越传统的应用程序共享模式，OCLC于2015年推出了OCLC社区中心。OCLC社区中心是OCLC应用程序用户互联、协作和作出贡献的虚拟空间，它提供了一个专业的社交网络，供用户参与论坛讨论、获取最新消息、跟踪产品发布说明、查找在线培训材料，并直接与同行和OCLC产品管理人员提交和讨论产品增强功能。

有专门的社区开发人员管理虚拟和面对面会议，会员可以期望与OCLC员工进行除传统的服务台和产品操作交互之外的强大且持续的沟通。推出18个月以来，社区中心已经从一个支持300名图书馆工作人员的单一WMS社区发展成10个基于不同产品的社区，为来自全球3800多家独特机构的10000多名独特的图书馆工作人员提供用户支持。社区中心为强化功能请求（一年内超过500个）和论坛讨论帖子（每月250个）提供协作讨论。

### 19.3.5 协作数据

WorldCat于1971年8月26日开始运作。从那时起，两代图书馆员帮助将WorldCat从书目数据库和在线联合目录转变为全球联网的信息资源。经过45年来成千上万的图书馆员的不断贡献、维护和改进，WorldCat包含了指向世界各地图书馆的电子、纸质和数字信息资源的数据。

20世纪90年代末，在主要处理英国和北美记录20年后，OCLC开始通过批量加载欧洲和亚洲图书馆的数据，将“世界”放入WorldCat，其中包括许多希望将其馆藏放入这个不断增长的网络化数据库的国家图书馆。一次重大的技术升级使WorldCat能够支持多种语言和字符集的访问，包括阿拉伯语、孟加拉语、中文、梵语、希腊语、希伯来语、日语、韩语、拉丁语、泰米尔语和泰语。这使得许多国际组织将他们的馆藏并入WorldCat变得可行。在此之前，不同的编目语言、不同的编目格式和规则以及对非罗马文字的支持是主要的障碍。

到2008年4月，非英语语种的WorldCat记录数量首次超过了英语材料。多年来，OCLC一直在不断扩大对统一码的支持，因此WorldCat可以成为访问世界上每种语言的馆藏的门户。

2006年，OCLC推出了一个公共网站WorldCat.org，将WorldCat中的合作数据接入网络和移动服务中。通过WorldCat.org，OCLC将图书馆数据整合到消费者网络空间中，以触及现在更有可能首先转向网络浏览器而不是图书馆获取信息的用户。OCLC与300多家组织合作，帮助提高图书馆的可见性，将图书馆数据放在搜索引擎、在线书目、在线书店和其他网站的结果列表中，从而为图书馆带来流量。每个月，来自搜索引擎和其他合作伙伴的WorldCat.org页面浏览量大约有2300万次。截至2017年4月，从WorldCat.org到图书馆服务（包括当地图书馆目录）的浏览量平均每月超过100万次。

## 19.4 促进协作：联合馆藏

在过去的十年中，OCLC一直致力于利用其合作数据资产来确立其应用程序和服务产品的独特地位，但有时数据本身占据了舞台的中心，帮助图书馆合作指出共同需求领域。在过去五年里，这一点在英国表现得最为明显。

### 19.4.1 英国研究型图书馆

OCLC研究部与英国研究型图书馆（RLUK）合作，对RLUK成员的集体馆藏进行了详细描述，特别强调了纸质图书（Malpas & Lavoie, 2016）。本报告考察了RLUK联合馆藏的规模、范围和重叠模式，并补充了与研究型图书馆协会（ARL）联合馆藏和整个全球图书馆系统的比较的额外视角。虽然RLUK成员对这项研究特别感兴趣，但这项研究与其他参与或计划围绕其馆藏开展合作的高等教育机构团体同样相关。

### 19.4.2 卡迪夫大学

卡迪夫大学于2017年效仿，订阅了OCLC的可持续馆藏服务GreenGlass，这是一个基于网络的分析应用程序，将支持卡迪夫大学评估如何最好地利用其新图书馆大楼的空间，为国家和国际范围内的存储和保留决策提供信息。这项工作包括鉴定其他图书馆很少收藏的书籍和大学过多的书籍，如副本。这需要制定和模拟与使用、材料年龄、流通时间和其他因素相关的复杂标准并建立模型。

### 19.4.3 Jisc

英国教育和研究的数字解决方案提供商Jisc与OCLC合作，将合作馆藏管理提升到了数据管理的新水平。Jisc认识到，由于预算有限，图书馆界正在努力应对两大核心挑战：首先，对其纸质和电子图书馆藏的持续管理做出重要决策；其次，确保研究人员和学习者能够持续、便捷地获取电子图书。

英国国家书目知识库（NBK）最初在Jisc的《国家专著战略》中提出，将支持英国高等教育界的学习和研究需求。在OCLC的WorldCat书目和授权馆藏数据的支持下，其愿景是通过投资于能够以更快的速度和更大的容量获取各种图书馆数据的技术，扩展当前Copac联合目录服务的功能。这项新服务将转变图书馆管理纸质和电子馆藏的方式以及人们访问这些资源的方式。然后，NBK将成为一个真正的知识库，将各种来源的信息结合起来，以应对英国学术机构面临的馆藏管理挑战。该系统的建设将由RLUK、SCONUL和大英图书馆共同出力实现。

OCLC在图书馆数据库大规模接入全球网络中占据特殊地位，它与NBK现有的一部分机制相结合，将使共享书目元数据能够流入WorldCat和其他的系统（如全球搜索引擎）。世界各地的图书馆将能够轻松地从英国学术机构的丰富馆藏中找到材料。此外，NBK还将与许多源进行互操作，以描述图书保存的位置、格式以及在什么条件下可以使用它们。

## 19.5 全球规范

2003年，德国图书馆、美国国会图书馆和OCLC开始开发一个虚拟国际规范文档（VIAF），将多个名称规范文档虚拟地整合在一个名称规范服务中。VIAF于2012年成为OCLC的一项服务，如今，来自30个国家的25个国家图书馆出现在合作数据文件中。VIAF匹配和链接国家图书馆的规范文件，并将给定实体的所有规范记录分组为合并的“超级”规范记录。通过链接同一个人或组织的不同名称，VIAF为更广泛的图书馆社区和其他机构提供了一种方便的方法，以重新利用服务于不同语言社区的图书馆产生的书目数据。

## 19.6 最后的想法

OCLC是世界上最大的全球图书馆合作组织，这一点毋庸置疑。然而，经过50年的发展，OCLC仍然远远没有满足于它的荣誉。仅在过去十年中，OCLC就修改了其管理模式以反映其国际成员身份，推出了旨在利用其全球数据资产的新服务，为日益壮大的图书馆员和工作人员群体建立了一个交流平台，并重新设计了数据集，以帮助图书馆就其馆藏的未来做出更明智的个人和集体决策。

尽管如此，图书馆还有更多的收获可以获得。无论是关联数据倡议所带来的数据本身性质的变化，图书馆资源探索的新形式，还是围绕共享印刷物资源库的服务，OCLC都将在全球范围内加速图书馆服务、学习和创新。

# 第20章

# 关于合作与学术图书馆的思考

杰里米·阿特金森

图书馆与信息服务顾问，英国威尔士卡迪夫

## 20.1 引论

前面的章节和案例研究为涉及学术图书馆的合作活动的性质和有效性提供了非常有用的见解，无论是在大学内部合作还是作为外部合作的一部分。这些案例研究中包含了许多参与者在合作中所学到的一些主题、观察结果和重要经验教训。我认为，如果我试着将这些主题、观察结果和经验教训整合到最后一章中，将会很有帮助。我将这些要点合并在一些标题和副标题下，有时使用或改编投稿人的措辞，有时使用我自己的措辞。所使用的主要标题有：

· 合作环境和驱动因素。

· 合作的好处。

· 合作的限制和障碍。

· 合作活动。

· 参与者属性。

许多要点可以被纳入不同的标题，但我将它们分配给那些看起来最合适的标题。

我希望下文中标题下的信息对那些计划或正在实施合作倡议的人有价值。并非所有要点将与特定的内部或外部合作倡议相关，但希望这些信息可以作为清单，其中至少有一些要点能发人深省，并有助于实现更有效的合作。

一种相差无几的方法被用来审视外部合作，尤其是，SCONUL的图书馆合作工具包中的共享服务（Parsons, 2016）。这为共享服务合作确定了一系列已定义的特征，分为五个单独的领域：战略、设计与规划、操作、可持续性和关闭。

## 20.2 合作的背景和驱动因素

### 20.2.1 大学环境和驱动因素

· 在学习和教学、课程和教学法、技术和数字世界、学术交流、开放获取、外部法规和政策等方面存在重大制度和外部变化的环境中，合作可能是有效的。

· 需要有效和创新地应对图书馆用户不断变化的需求和期望。

· 有必要增强学生的体验，包括学生的成功和成就、学生的留存和发展，以及就业能力。

· 在与关键机构战略和驱动因素有明确联系的情况下，合作可能特别有效。与国家战略和优先事项保持一致也有助于在机构层面获得支持。

· 在需要高效运营，对管理层、学生和其他投资者物有所值以及精简整个大学流程的压力下，合作必须有效。

· 合作可能会被大学利益相关者积极看待，因为目前缺乏跨多个部门（包括跨学术和服务边界）的工作协调，而他们了解多专业团队的好处。

· 在"一切照旧"的领域实现变革或转型，在这种期待中合作可能是合适的。

### 20.2.2 合作环境和驱动因素

· 有必要处理对于任何利益相关者都无法单独处理的活动领域。

· 面临共同压力和共同问题的部门或组织有合作的机会。

· 合作通常可以提供寻找和实施创新解决方案的机会，并在容忍风险的环境中提供互利。

· 合作的参与者需要通过拥有共同的价值观、共同的目的和共同的目标，以及在相关的情况下，共同的服务精神，来发展共同的愿景。

·不同的图书馆服务通常有一个共同的目标，即所有人都能平等地使用设施和服务，并笼统地说，使资源更容易获得。

·成功合作的参与者愿意为共同利益分享智力成果。

·合作可以提供吸引新受众的机会。

·合作可以让参与者拥有比平时更广阔的视角，在采取本地行动的同时，从制度、国家或全球角度进行思考。

## 20.3 合作的好处

### 20.3.1 对合作过程的好处

·合作过程为具有各种不同观点、专业知识和经验的人们提供了更广泛、更深层级的信息，以更全面地了解该领域，并为用户提供更丰富的服务。

·当多个利益相关者参与其中时，可以获得更大的政治影响力。

·较小的合作利益相关者群体和随之而来的关键参与者的亲密关系可以提供不同的机会和更大的灵活性。

·合作的过程有助于为共同问题提供创新的解决方案。

·合作可以为创造性提供更大的自由和灵活性。

·该过程允许一个业务领域影响并改变另一个业务领域。

### 20.3.2 对个人、部门或机构的好处

·合作有助于避免重复工作。

·合作可以提高效率，简化工作流程，并为更多的增值活动腾出员工时间。

·提供规模经济，例如，一个人代表大学委员会的多个部门，一个人代表多个机构进行谈判。

·合作可以在现有用户基础之上，提高图书馆和图书馆工作人员在内部和外部的形象、可见性、可信度和影响力。它可以提高对图书馆工作人员的专业技能和知识以及他们可以做出的贡献的理解，并展示不同专业群体之间以及学术和专业工作人员之间合作的价值。

· 合作有助于改变图书馆在大学中的角色，使其超越传统的客户服务模式。

· 合作有助于强调图书馆作为一个中立的中心机构的作用，它具有客观性，可以帮助协调有时相互冲突的观点和优先事项。

· 参与合作的工作人员可以相互学习，对部门内外的服务和责任有更深入的了解和理解。员工的经验、热情、专业知识、知识和技能通过分享和共同工作得到了更多的发挥。

· 合作活动可以帮助图书馆与学生和教师建立更深层次的关系，并在更大程度上让图书馆自己的员工和其他人参与到服务的管理、评估和重新设计中来。

· 在合作工作中学习到的技能和行为可以应用到他/她自己的部门或机构的个人工作中。合作工作促进了领导能力、新的专业知识和信心的发展。

· 在某些情况下，分担某一特定活动领域的工作量可以让部门专注于他们的专业知识。可以建立信任，共享知识，而不会使每个部门所承担的责任失衡。

· 合作有助于建立联系网络和组织。

· 从合作成果中吸取的经验教训可以在所有参与者之间共享。

· 加强与其他部门和机构的纽带和联系，帮助开展未来的合作工作，并促进其他服务领域的合作。

### 20.3.3 对用户的好处

· 合作有助于提供比合作伙伴单独提供的更广泛的服务。

· 在合作过程中与用户一起工作有助于识别与用户需求相关的新的和增强的服务。服务变得更容易使用和更友好。

· 提供与用户需求相关的服务和获取材料的途径，它们原本可能不会被考虑到。

· 大学员工和学生通过合作的过程更熟悉图书馆的服务。

· 开发了一种更联合的服务交付方式。通过开发综合服务、单一用户界面、单一数据输入等，最大限度地减少用户的接触点。

## 20.4 合作的限制和障碍

### 20.4.1 对合作过程的限制

· 可能存在威胁合作关系的财务、政治、技术和社会压力。

· 建立归属感可能会有困难。有些员工可能会因为没有参与合作活动而感到被剥夺了权利。

· 要知道谁在何时何地做什么，这可能会很复杂。

· 可能需要放弃对系统和服务的本地控制。保留不同的系统和方法可能会限制合作、思想交流、相互支持和促进新举措的机会。

· 参与者之间可能存在显著的文化差异。实现必要的文化变革需要时间。

· 很难在保护参与者的自主权、隐私和政策差异之间保持平衡，同时利用共享方法带来的机会。

· 由于工作方法和决策方式上的冲突，存在某些参与者占据主导位置的危险。

· 可能存在不同的工作方法，员工可能会发现他们的工作目标是相互矛盾的。有些员工可能更喜欢孤岛工作或在有层级的组织中工作。

· 有些员工可能会抵制变革，看不到合作的好处。

· 在扩大项目工作规模以满足需求和创建可持续服务方面可能存在困难。

### 20.4.2 对个人、部门或机构的限制

· 可能会有职业或机构身份的潜在丧失。

· 参与者在分配时间和精力方面可能没有足够的自主权。

· 员工在正常的职业界限和舒适区之外工作可能会感到不舒服或不确定。

· 在合作项目中工作的员工可能会感到与正常工作的同事隔绝。

· 所涉及的工作人员可能有相互竞争的优先事项，特别是那些保留一些正常职责的工作人员。在角色和职责上也可能存在混淆。

· 一些员工可能会因项目组内的专家讨论而感到疏离。

· 对于不习惯在项目文化中工作的员工来说，学习曲线可能会陡峭。

· 一些员工可能不熟悉他们正常职责之外的相关大学系统。

· 部门或机构具有不同的战略使命、目标、结构和优先事项，因此在建立一个所有人都能接受的共同规范方面可能会遇到困难。合作和机构需求可能冲突，因为机构需要专注于自己的优先事项。不同的参与者可能处于不同的成熟度水平，对项目的不同方面有不同的侧重点。随着参与者数量的增加，达成协议的风险可能会增加。

· 很容易低估管理和领导技能以及引导合作项目所需的时间，尤其是组织一大群利益相关者的困难。

· 参与项目人员的工作时间也可能被低估，包括建立有效关系和学习新技能的时间。

· 可能存在需要克服的误解。图书馆服务可能被视为以交易为基础，而不是以关系和创新为基础，图书馆可能不会被视为与课程开发有关的活动的天然合作伙伴。

· 合作活动的最佳时机可能不适合所有合作伙伴。因此，选择的时机可能不会产生最佳结果。

· 根据成本和预算的现实情况来管理项目的愿望和期望可能会有困难。

· 违反现有合同可能会有困难，包括与供应商的合同。

· 在寻找开展合作活动的空间方面可能存在困难，例如，图书馆员想要嵌入学术部门的工作空间或合作团队的空间一起工作。

### 20.4.3 对用户的限制

· 与其他大学员工和学生的合作有时可能会出现问题。工作人员的优先事项将主要与他们的正常责任领域有关，而学生的优先事项将与他们选择的学习课程有关。

· 合作项目可能很难在其他大学院系的会议上获得意见，因为这些会议的重点是解决全院系的问题。

## 20.5 合作活动

### 20.5.1 战略与规划

·需要尽早就项目的范围、方向、目标和节点以及结果和产出达成共识。还需要对角色、责任和流程有清晰的表述。有一个合力达成的明确的共同愿景是有好处的。

·可能需要为合作小组的参与和投入制订明确的规则，包括小组合同和正式的决策模型。通常情况下，最好是合作的参与者协商他们自己的条款并就边界达成一致。

·合作可能需要一套由所有参与部门或机构提供并遵守的操作指南和服务标准。

·大学战略和理念、学术战略，以及参与部门/机构的战略目标之间有必要存在明确的联系。合作机会可能需要根据参与者的战略目标、合作的共同愿景和目标以及在可用资源范围内进行优先排序。

·需要从其他合作倡议和联盟中获得知识，包括针对国内和国际类似倡议的基准。

·合作计划需要有效应对管理变革的挑战。

·让一个人/一个部门/一个机构作为项目的主要联系人可能是一个优势，它有助于沟通和投入，并提供凝聚力。

·规划需要考虑各机构采用新举措和新技术的不同速度，包括提供技术支持。

### 20.5.2 管理、领导和经营

·需要项目管理和经营，以避免范围蔓延，提供定期的、结构化的参与机会，以及反映合作伙伴经验和专业知识范围的成员资格。

·对于一个合作项目来说，什么是最有效的管理和经营安排，没有正确的答案。

·在某些情况下，可能需要测试大学现有管理结构的假设，以及它们吸收新的和/或复杂倡议的能力。

· 在许多情况下，标准的管理安排将适用于指导小组来协调活动，建立一个项目小组/工作组，并让所有参与部门或机构的代表（包括高校科研人员）参与。对于较大的项目，可能需要一个专门的项目经理，有足够的时间来管理。

· 在某些情况下，机构或部门可能需要将一定程度的控制权移交给项目或联盟。

· 在某些情况下，在常规组织安排之外的报告安排可能是有利的。可能需要从正式组织结构的固有权力结构中获得一些自由，减少管理人员的存在以鼓励自发性。这种安排可能需要分配领导权，并让人们意识到项目是一种新的共同责任。

· 需要划定项目小组的职权范围，以澄清义务、自主权和预期产出。

· 在大学委员会、项目和计划小组以及有影响力的个人之间发挥领导作用。

· 领导和管理的作用是确保及时注入专业知识，并确保相关人员有足够的时间来开展工作。有效的领导依赖于对专业知识在哪里以及何时利用这些专业知识的了解。

### 20.5.3 高级管理层的参与

· 通常需要获得大学高级管理层对合作活动的认可、支持和投入。这可以包括提供适当的资源。

· 赢得大学各方（包括学术人员）的入股有助于获得高级管理层的支持。

### 20.5.4 团队建设

· 无论人们的专业知识和背景如何，都需要确保有一个有效的环境，在这个环境中，团队可以生存和蓬勃发展，发展强大的合作工作关系。

· 需要一个合适的团队来交付项目或联合服务，他们拥有不同的技能、职责和知识，涵盖项目范围，以便创造更丰富、高质量和可靠的产出。所有的参与者都应该在早期阶段参与进来。

· 在早期阶段开展活动，帮助参与者了解彼此的角色，并对合作的细节问题形成相互理解，这是有帮助的。这些活动可以包括“了解你”的会议，让员工介绍自己，展示他们的工作和专业知识，以及面对面的研讨会，人们可以在一起集中工作一段时间。

· 将来自不同领域的员工集中在一起可以帮助培养工作关系，使员工更容易讨论问题和解决问题。

· 在项目期间，应该提供定期的、有组织的合作机会并分享工作方法。它们可能包括实践社区的发展。

· 可能需要根据团队成员的技能、兴趣和关系调整职责，尽管责任的轮换和专业知识、知识、工作和资源的共享可以帮助实现员工之间的技能转移和能力建设。此外，新技能和员工专业知识可能需要通过个人或共享培训来发展。

· 需要留出足够的时间来解决团队成员之间相互矛盾的观点。在项目发展过程中出现的歧义需要得到澄清。

· 在某些情况下，团队成员缺乏知识或理解可以帮助提供不同的或新鲜的视角。

### 20.5.5 合作领域

· 需要仔细选择与图书馆其他领域、其他大学部门或外部组织合作的活动领域。需要确定所有参与者都能接受的活动或服务提供的关键领域。

### 20.5.6 咨询和参与

· 需要进行咨询，以确保利益相关者的需求得到识别、评估、优先排序和报告。

· 需要与所有利益相关者进行协商和谈判，包括图书馆和其他大学员工、用户、管理层和供应商。这有助于提供多种观点，以创造想法，并通过了解潜在的阻力点来确保相关性、获得支持和顺利实施。

· 一些面对面的咨询对于获得信任、发展潜在的关系和获得反馈很重要。

· 涵盖的用户和参与者越多，包括在评价和测试中，产出就越有可能符合需要和切合实际。学生和教职员工参与共同创造可以进一步提高相关性。

· 在每个相关地区或部门使用“冠军”可以帮助获得参与。

· 确保图书馆员在图书馆外的实际存在和可见性，有助于形成有意义的关系并促进合作。这可以包括积极参与学术部门会议，以及让图书馆员深度、互联地沉浸在（物理和线上的）学术空间中。

#### 20.5.7 沟通

· 需要通过一系列渠道定期、一致、简洁和易于理解地与所有相关利益相关者进行沟通。这包括与服务的使用者和大学其他部门的沟通。

· 沟通应涉及有关合作的目的、价值和利益的信息。

#### 20.5.8 技术的使用

· 可能需要使用适当的和最新的在线合作技术。

· 员工需要熟练使用技术，这可能会对员工的发展产生影响。在某些情况下，可能需要利用员工常用的工具，以便通过方便和熟悉的技术进行输入和反馈。

· 应该认识到，技术不仅会改变合作的动态，而且缺乏面对面接触的即时性。

#### 20.5.9 审查与评价

· 需要使用“分析、反思和改进”循环，定期对项目进行有意义的审查和评估。

· 在考虑成本和收益的情况下，对项目进行审查有助于确保结果适合所有参与者。

· 使用的方法可以包括实施试点和随后的分析和改进，以在投资于特定结果之前测试问题。用户群体也可以用来提供反馈。

· 审查和评价可以寻求评估在实践和服务方面的改进，以及在适当情况下，增加工作人员的参与，激励和授权。

· 在某些情况下，让项目外部的“诤友”根据需要提供专家建议可能是有用的。

## 20.6 参与者属性

### 20.6.1 个人和个人属性

本书的撰稿人确定了参与合作活动的个人需要具备的一些属性和特征：

·态度端正，态度开放，愿意自由分享知识、信息和技能。

·能够庆祝他人的成功，而不会因此感到威胁。

·建立人际网络和激活人际网络的能力。

·个人信念和承诺，情感韧性，以及面对逆境继续前进的勇气。

·妥协和表达善意的能力。

·愿意承担责任。

·具备计划、项目管理、优先级划分和谈判的技能。

·一般的社交技巧、沟通技巧，以及让同事注意到自己的自信。

·熟悉科技，包括社交媒体。

·时间管理技巧和多任务处理能力。

·勇于挑战传统思维，有能力接受新的观点，重新思考传统的图书馆服务。

### 20.6.2 团队和管理方面

本书的撰稿人还确定了合作团队成员应具备的一些关键属性，以及一些重要的管理方面和主题：

·团队中的所有参与者都需要一种共同的目标感，对共同目标的承诺，以及一套共同的、商定的价值观和原则。团队成员需要能够清晰地表达承担这项工作的原因，并对计划的共同利益有清晰和共同的理解。

·合作需要项目团队内部的高度信任。信任的重要性也适用于团队工作的环境，需要来自高级管理人员、团队外员工和外部组织的支持、信任和信心。承诺、共同的愿景和价值观是建立信任的重要基石。

·适当的参与者属性的角色建模可以鼓励团队中的其他人参与。

·团队需要尊重其他贡献者的贡献和不同观点。

·应该有一种环境，在这种环境中，合作伙伴之间存在问责制，这种问责制是强有力、公开但不含怨气的。

· 团队需要在团队内外表现出高度的个人互动，并与不同的受众进行良好的沟通，以吸引他人并获得一致意见。

· 团队需要在方法和角色方面具有灵活性，能够迅速果断地应对不断变化的环境。

· 需要有效的集体规划和解决问题的能力，在规划、项目管理和经营过程中具有弹性。

· 对合作的承诺可能需要记录下来，例如，在合作备忘录中，以便所有合作伙伴都清晰和公开。

· 团队需要确保共同分享成功。

· 如果有一个预先存在的团队，并且定期开会和沟通，合作可能会更容易或更有效。在现有的共享服务中，可能存在着一种强大的共享和合作文化。

# 延伸阅读

杰里米·阿特金森
图书馆与信息服务顾问，英国威尔士卡迪夫

每一章或案例研究末尾提供的参考资料为那些希望进一步探索特定主题的人提供指引。涉及合作和学术图书馆的文献相当多，通过摘要和索引型期刊以及目录供应商能够轻松获取这些内容。但是，我认为如果我能整理一份非常有选择性的延伸阅读清单，集中一些更易读和更易访问的文章，以及我在编写这本书时使用的未被引用在个别章节中的书籍，那将会有所助益。

## 第一部分　导言

### 批判性反思

Fook, J., & Gardner, F. (2007). *Practising critical reflection: A resource handbook.* Maidenhead: Open University Press.

Fook, J., & Gardner, F. (Eds.) (2013). *Critical reflection in context: Applications in health and social care.* London: Routledge.

Jasper, M. (2013). *Beginning reflective practice* (2nd ed.). Andover: Cengage Learning EMEA.

Rolfe, G., Jasper, M., & Freshwater, D. (2010). *Critical reflection in practice: Generating knowledge for care* (2nd ed.) London: Palgrave Macmillan.

Thompson, S., & Thompson, N. (2008). *The critically reflective practitioner.* London: Palgrave Macmillan.

White, S., Fook, J., & Gardner, F. (Eds.) (2006). *Critical reflection in health and social care.* Maidenhead: Open University Press.

## 第二部分 合作，大学与它们的图书馆

### 概述

Brooks, S., & Carlson, D.H. (Eds.) (2006). *Library/vendor relationships.* New York: Haworth Press.

Crowther, J.L., & Trott, B. (2004). *Partnering with purpose: A guide to strategic partnership development for libraries and other organizations.* Santa Barbara, CA: Libraries Unlimited.

Davies, R. (2011). 'One of you can cut the cake: The other picks the first slice'; Routes to consider how to selfishly improve academic library delivery through shared services. *New Review of Academic Librarianship, 17*(2), 259–265.

Dickson, A., & Holley, R.P. (2010). Social networking in academic libraries: The possibilities and the concerns. *New Library World, 111*(11–12), 468–479.

Koltay, Z., Li, X., Lyons, C., Mericle, D., & Steinhart, G. (2016). Partnerships: Assessing when to start, when to hold, and when to fold. *College & Research Libraries News, 77*(2), 62–65.

Langley, A., Gray, E.G., & Vaughan, K.T.L. (2006). *Building bridges: Collaboration within and beyond the academic library.* Oxford: Chandos Publishing.

Miller, W., & Pellen, R. (Eds.) (2003). *Cooperative efforts of libraries.* London: Routledge. Also published in: Special issue on regional and state-wide collaboration. (2002). *Resource Sharing and Information Networks, 16*(1), 2–144. Special issue. (2003). *Resource Sharing and Information Networks, 16*(2), 146–253.

Miller, W., & Pellen, R. (Eds.) (2005). *Libraries beyond their institutions.* London: Routledge. Also published in: Special issue on cooperation outside of institutions. (2005). *Resource Sharing and Information Networks, 18*(1–2), 1–214.

Swanson,T. (2012). *Managing social media in libraries: Finding collaboration, coordination and focus.* Oxford: Chandos Publishing.

## 第三部分　学术图书馆和内部合作

### 概述

Allison, D.A. (2013). *The patron driven library:A practical guide for managing collections and services in the digital age.* Oxford: Chandos Publishing.

Bhatti, R. (2009). Interpersonal relationships: Students, teachers and librarians in university libraries of Pakistan. *Library Review, 58*(5), 362–371.

Bridges, K. (Ed.) (2014). *Customer-based collection development: An overview.* London: Facet Publishing.

Li, Y., Theimer, S.H., & Preate, S.M. (2014). Campus partnerships advance both ETD implementation and IR development: A win–win strategy at Syracuse University. *Library Management, 35*(4/5), 398–404.

Miller, W., & Pellen, R. (Eds.) (2005). *Libraries within their institutions: Creative collaborations.* London: Routledge. Also published in: Special issue on cooperation within institutions. (2004). *Resource Sharing and Information Networks, 17*(1–2), 1–220.

Wilkes, B. (2016). Let's work out!: Getting out of the library and into new collaborations and contexts. *College & Research Libraries News, 77*(7), 334–337.

### 内部图书馆合作

Buck, S. (2014). Instruction boot camp: Better instruction through collaborative course design. *Journal of Library Administration, 54*(3), 197–216.

Casey, A.M. (2015). Grassroots strategic planning: Involving library staff from the beginning. *Journal of Library Administration, 55*(4), 329–340.

Jeffery, L. (2016). Sharing expertise: Using reciprocal training and peer support for real enquiries to deliver a shared telephone/online chat service staffed by teams with different core competencies. *SCONUL Focus,* 66, 62–65.

Nutefall, J.E., & Chadwell, F.A. (2012). Preparing for the 21st century: Academic library realignment. *New Library World, 113*(3/4), 162–173.

Rauh, A.E., & McReynolds, S.J.H. (2016). Telling our story: A case study of a collaborative departmental blog at Syracuse University Libraries. *New Review of Academic Librarianship, 22*(2–3), 315–324.

Sullivan, D., Leong, J.,Yee, A., Giddens, D., & Phillips, R. (2013). Getting published: Group support for academic librarians. *Library Management, 34*(8/9), 690–704.

Wilhelm, C. (2016).“That’s not my job”: Developing a cross–training process in an academic library. *College & Research Libraries News, 77*(7), 342–346.

**与实体合作**

Amante, M.J., Extremeno, A.I., & da Costa, A.F. (2013). Modelling variables that contribute to Faculty willingness to collaborate with libraries: The case of the University Institute of Lisbon (ISCTE–IUL), Portugal. *Journal of Librarianship and Information Science, 45*(2), 91–102.

Barnes, C. (2013). MOOCs: The challenges for academic librarians. *New Review of Academic Librarianship, 44*(3), 163–175.

Burns, J.A. (2016). Role of the information professional in the development and promotion of digital humanities content for research, teaching and learning in the modern academic library: An Irish case study. *New Review of Academic Librarianship, 22*(2–3), 238–248.

EDUCAUSE (2017). *Faculty—library collaboration.*

Hartsell–Gundy, A., Braunstein, L., & Golomb, L. (Eds.) (2015). *Digital humanities in the library: Challenges and opportunities for subject specialists*. Chicago, IL: ACRL.

Machin, A.I., Harding, A., & Derbyshire, J. (2009). Enhancing the student experience through effective collaboration: A case study. *New Review of Academic Librarianship, 15*(2), 206–218.

Smith, A.–M. (2014). Understanding the relationship between the librarian and the academic. *New Review of Academic Librarianship, 20*(1), 29–48.

Zhang, Y., Liu, S., & Mathews, E. (2015). Convergence of digital humanities and digital libraries. *Library Management, 36*(4/5), 362–377.

**与其他支持部门合作**

Horton, A. (2016). The twelve apps of Christmas: How collaboration between librarians and learning technologists brought success to an open online course. *SCONUL Focus, 65*, 18–22.

Parton, S., & Fleming, H. (2007). Academic libraries and learning support in collaboration. *New Review of Academic Librarianship, 13*(1–2), 79–89.

Schneider, M., Kelsall, J., & Webster, H. (Eds.) (2016). *Connecting the dots: Collaboration across learning support professionals in higher education to enhance student learning*. Huddersfield: Innovative Libraries.

Special issue: Meeting the student learning imperative: Supporting and sustaining collaboration between academic libraries and student services programs. (2005). *Research Strategies, 20*(4), 219–321.

Tyrer, G., Ives, J., & Corke, C. (2013). Employability skills, the student path, and the role of the academic library and partners. *New Review of Academic Librarianship, 19*(2), 178–189.

**合并/超合并**

Bulpitt, G. (Ed.) (2012). *Leading the student experience: Super-convergence of organisation, structure and business processes.* London: Leadership Foundation for Higher Education.

Joint, N. (2011). New perspectives on the convergence of academic libraries and campus information technology departments. *Library Review, 60*(8), 637–644.

Libraries and information technology: New opportunities for collaboration and innovation in a rapidly changing environment [special issue] (2012). *Journal of Library Administration, 52*(2), 145–229.

Wilson, K.M. (2006). Convergence and professional identity in the academic library. *Journal of Librarianship and Information Science, 38*(2), 79–91.

### 与学生合作

Carver, K., & Parkin, C. (2009). Working with graphic design students to promote 'Land of Lost Content' at Leeds Met. *SCONUL Focus, 47*, 36–39.

Hayes–Bohanan, P.A. (2013). Librarian mentoring of undergraduate research. *Journal of Library Innovation, 4*(1), 21–28.

Maxey–Harris, C., Cross, J., & McFarland, T. (2010). Student workers: The untapped resource for library professions. *Library Trends, 59*(1–2), 147–165.

Miller, J.L. (2011). The library student liaison program at Eastern Washington University: A model for student engagement. *College & Undergraduate Libraries, 18*(1), 1–15.

Pittaway, S. (2016). Students as partners in recruitment. *SCONUL Focus, 65*, 40–43.

Walton, G. (2010). University libraries and student engagement. *New Review of Academic Librarianship, 16*(2), 117–120.

### 联络员/学科图书馆员

Crawford, A. (2012). *New directions for academic liaison librarians.* Oxford: Chandos Publishing.

Dale, P., Holland, M., & Matthews, M. (Eds.) (2006). *Subject librarians: Engaging with the learning and teaching environment.* Aldershot: Ashgate.

Henry, J. (2012). Academic library liaison programs: Four case studies. *Library Review, 61*(7), 485–496.

Moniz, R., Henry, J., & Eshleman, J. (2014). *Fundamentals for the academic liaison.* London: Facet Publishing.

### 嵌入式图书馆服务

Calkins, K., & Kvenild, C. (Eds.) (2014). *The embedded librarian's cookbook.* Chicago, IL: ACRL.

Daugherty, A.L., & Russo, M.F. (Eds.) (2013). *Embedded librarianship: What every academic librarian should know.* Santa Barbara, CA: Libraries Unlimited.

Dewey, B.I. (2004). The embedded librarian: Strategic campus collaborations. *Resource Sharing & Information Networks, 17*(1–2), 5–17.

Kesselman, M.A., & Watstein, S.B. (2009). Creating opportunities: Embedded librarians. *Journal of Library Administration, 49*(4), 383–400.

Kvenild, C., Tumbleson, B.E., Burke, J.J., & Calkins, K. (2016). Embedded librarianship: Questions and answers from librarians in the trenches. *Library Hi Tech News, 33*(2), 8–11.

Kvenild, C., & Calkins, K. (Eds.) (2011). *Embedded librarians: Moving beyond one-shot instruction.* Chicago, IL: ACRL.

Leonard, E., & McCaffrey, E. (Eds.) (2013). *Virtually embedded: The librarian in an online environment.* Chicago, IL: ACRL.

Reale, M. (2016). *Becoming an embedded librarian: Making connections in the classroom.* Chicago, IL: ALA Editions.

Schulte, S.J. (2012). Embedded academic librarianship: A review of the literature. *Evidence Based Library and Information Practice, 7*(4), 122–138.

Special issue: Embedded librarianship. (2010). *Public Services Quarterly, 6*(2/3), 69–329.

**信息素养**

Belanger, J., Bliquez, R., & Mondal, S. (2012). Developing a collaborative faculty-librarian information literacy assessment project. *Library Review, 61*(2), 68–91.

Hale, A., & Reading, J. (2016). When the personal enables the independent: Taking the library to the students. *Australian Academic and Research Libraries, 47*(1), 3–17.

Jacobson, T.E., & Mackey, T.P. (Eds.) (2007). *Information literacy collaborations that work.* Chicago, IL: Neal–Schuman.

Kolstad, A.K. (2015). Co-teaching in information literacy during work placements: The librarian's role. *LIBER Quarterly, 25*(2), 56–86.

Lahlafi, A., & Rushton, D. (2015). Engaging international students in academic and information literacy. *New Library World, 116*(5/6), 277–288.

Markgraf, J., Hinnant, K., Jennings, E., & Kishel, H. (2015). *Maximizing the one-shot: Connecting library instruction with the curriculum*. Lanham, MD: Rowman & Littlefield.

Overn, K. M. (2014). Faculty–library collaboration: Two pedagogical approaches. *Journal of Information Literacy*, *8*(2), 36–55.

Wilkes, J., Godwin, J., & Gurney, L.J. (2015). Developing information literacy and academic writing skills through the collaborative design of an assessment task for first year engineering students. *Australian Academic and Research Libraries, 46*(3), 164–175.

### 研究支持

Engestrom, Y., Kaatrakoski, H., Kaiponen, P., Lahikainen, J., Laitinen, A., Myllys, H., et al. (2012). Knotworking in academic libraries: Two case studies from the University of Helsinki. *LIBER Quarterly, 21*(3–4), 387–405.

Goldstein, S. (2012). A partnership approach to promoting information literacy for higher education researchers. *LIBER Quarterly, 21*(2), 188–200.

Harris, C.S. (2011). The case for partnering doctoral students with librarians: A synthesis of the literatures. *Library Review, 60*(7), 599–620.

Hoffman, S. (Ed.) (2016). *Dynamic research support for academic libraries.* London: Facet Publishing.

Primary Research Group Staff. (2015). *Survey of academic library efforts to enhance faculty cooperation with open access*. New York: Primary Research

Group.

### 学习空间/图书馆建筑合作

Andrews, C., Wright, S.E., & Raskin, H. (2016). Library learning spaces: Investigating libraries and investing in student feedback. *Journal of Library Administration, 56*(6), 647–672.

Chan, D.L.H., & Wong, G.K.W. (2013). If you build it, they will come: An intra-institutional user engagement process in the Learning Commons. *New Library World, 114*(1/2), 44–53.

Choy, F.C., & Goh, S.N. (2016). A framework for planning academic library spaces. *Library Management, 37*(1/2), 13–28.

Ellis, J., & Phillips, A. (2013). Re-defining the service experience: Forging collaboration between librarians and students. *Library Management, 34*(8/9), 603–618.

Pacios, A.R. (2015). From the Library to the Information Commons: An approach to the model's development in Spain. *New Library World, 116*(7/8), 345–357.

Tevaniemi, J., Poutanen, J., & Lahdemaki, R. (2015). Library as a partner in co-designing learning spaces: A case study at Tampere University of Technology, Finland. *New Review of Academic Librarianship, 21*(3), 304–324.

Watkins, A., & Kuglitsch, R. (2015). Creating connective library spaces: A librarian-student collaboration model. In B. Eden (Ed.), *Enhancing teaching and learning in the 21st century academic library: Successful innovations that make a difference* (pp.157–169). Lanham, MD: Rowman & Littlefield.

## 第四部分　学术图书馆和外部合作

### 本地和区域性合作

Atkinson, J., & Kensler, E. (2004). HELP is at hand: Reviewing and developing Welsh academic library collaboration. *New Review of Academic Librarianship*, *10*(2), 105–117.

Bryant, S., Parang, E., & Ye, G. (2015). Consortial borrowing along EL Camino Real.

*Journal of Library Administration, 55*(7), 587–594.

Cawley, J., & Abbott, W. (2016). Queensland University Libraries Office of Cooperation: 25 years of collaboration. *Australian Academic and Research Libraries, 47*(2), 76–91.

Christensen, E., & Meehan, L. (2016). A networking group for London satellite campuses. *SCONUL Focus, 65*, 33–36.

Griffin, S. (2014). A marriage made in heaven: Promoting the unique and distinctive collections of York Minster. *SCONUL Focus, 60*, 15–17.

Hall, M. (2011). Collaboration and cooperation in Asian library resource collections: An example from Melbourne, Australia. *Library Management, 32*(1/2), 98–110.

O'Neill, E.T., & Gammon, J.A. (2014). Consortial book circulation patterns: The OCLC - OhioLINK study. *College & Research Libraries, 75*(6), 791–807.

Owen, G., & Dalling, J. (2016). WHELF shared LMS: Delivering a shared library management system for Wales. *SCONUL Focus, 65*, 12–17.

Perushek, D.E., & Douglas, A. (2014). Culture, politics and university library consortia in China and the US: A comparative introduction to CALIS, GWLA and JULAC. *Library Management, 35*(8/9), 594–606.

Posigha, B.E., Godfrey, V.Z., & Seimode, F.D. (2015). The trend of academic libraries consortia in the north central and south east geo-political zones of Nigeria. *Library Review, 64*(4/5), 305–320.

Puplett, D. More than the sum of our parts: How three universities share the Drill Hall Library. *SCONUL Focus, 65*, 29–32.

Sarjeant-Jenkins, R., & Walker, K. (2014). Library partnerships and organizational culture: A case study. *Journal of Library Administration, 54*(6), 445–461.

Tuck, J. (2014). M25 Consortium of Academic Libraries: Search 25 and E-BASS25. *SCONUL Focus, 60*, 30–33.

**联合采购**

Atkinson, J., & Riley, P. (2009). Building on collaboration: The WHELF e–book deal. *SCONUL Focus*, *45*, 113–116.

Cox, J., & Cox, L. (2010). *One year on: Evaluating the initial impact of the Scottish Higher Education Digital Library (SHEDL)*. London: Research Information Network.

Kidd, T. (2009). Collaboration in electronic resource provision in university libraries: SHEDL, a Scottish case study. *New Review of Academic Librarianship, 15*(1), 97–119.

Machovec, G. (2014). Consortia and the future of the big deal journal packages. *Journal of Library Administration, 54*(7), 629–636.

Machovec, G. (2013). Consortial ebook licensing for academic libraries. *Journal of Library Administration, 53*(5–6), 390–399.

Wynne, P.M. (2005). The NoWAL NetLibrary e–book collection: A case study of a consortial agreement. *New Review of Academic Librarianship, 11*(1), 81–94.

**共享存储**

Genoni, P. (2013). An international review of the development and implementation of shared print storage. Australian Academic and Research Libraries, *44*(1), 50–66.

Jilovsky, C. (2013). The CARM2 print repository: From planning to operations. *Library Management, 34*(4/5), 281–289.

Niederer, U. (2016). Hopes and sighs: The Swiss Cooperative Storage Facility. *Library Management, 37*(4/5), 170–181.

Sidorko, P., & Lee, L. (2014). JURA: A collaborative solution to Hong Kong academic libraries storage challenge. *Library Management, 35*(1/2), 56–68.

**联合使用图书馆**

American Library Association. (2012). *Joint-use libraries: A bibliography.*

Buchanan, N., & Muir, E. (2012). Preparing for a new shared library: The UWS and SAC experience. *SCONUL Focus, 55*, 21–23.

Bundy, A.L. (Ed.) (2011). Connection and Convergence. *Second International Conference on Joint Use Libraries, Adelaide, South Australia, 3-4 November 2011: Proceedings.* Blackwood, South Australia: Auslib Press.

Bundy, A.L. (Ed.) (2007). Joint Use Libraries. *An International Conference, Manchester, UK, 19- 21 June 2007: Proceedings.* Blackwood, South Australia: Auslib Press.

Gunnels, C.B., Green, S.E., & Butler, P.M. (2012). *Joint libraries: Models that work.* Chicago, IL: American Library Association.

McNicol, S. (2008). *Joint-use libraries: Libraries for the future.*Oxford: Chandos Publishing.

Miller, W., & Pellen, R. (Eds.) (2003). *Joint-use libraries.* London: Routledge. Also published in: Special issue on joint–use libraries. (2001). *Resource Sharing and Information Networks, 15*(1–2), 1–150.

Special issue on dual use libraries. (2006). *Library Trends, 54*(4), 485–639.

### 与社区合作

Courtney, N. (2009). *Academic library outreach: Beyond the campus walls.* Santa Barbara, CA: Libraries Unlimited.

Hang Tat Leong, J. (2013). Community engagement: Building bridges between university and community by academic libraries in the 21st century. *Libri, 63*(3), 220–231.

Shapiro, S.D. (2016). Engaging a wider community: The academic library as a center for creativity, discovery and collaboration. *New Review of Academic Librarianship, 22*(1), 24–42.

Wolverton, R.E., & Heiselt, A.K. (2010). US academic librarians and community service: A case study. *New Library World, 111*(9/10), 381–390.

### 国内合作

Hollender, H., & Kasprzyk, A. (2008). Library cooperation the Polish way: Toward NUKAT and WorldCat in Poland. *New Library World, 109*(9/10), 457–465.

Jakubs, D.L. (2015). Trust me: The keys to success in cooperative collections ventures. *Library Management, 36*(8/9), 653–662.

Mohd, H., Yusof, R., & Umar, R. (2014). Initiatives towards formation of academic library consortium in Malaysia. *Library Management, 35*(1/2), 102–110.

Muhonen, A., Saarti, J., & Vattulainen, P. (2014). From the centralized national collection policy towards a decentralized collection management and resource sharing cooperation—Finnish experiences. *Library Management, 35*(1/2), 111–122.

Ward, M., & Lavoie, J. (2016). A library–publisher partnership for open access: Building an innovative relationship between scholarly publishers and academic libraries. *LIBER Quarterly, 25*(4), 189–204.

Yang, D. (2013). UK Research Reserve: A sustainable model from print to E? *Library Management, 34*(4/5), 309–323.

### 国际合作

Chakraborty, S. (Ed.) (2014). *Collaboration in international and comparative librarianship*. Hershey, PA: IGI Global.

Davis, T., & Stock, A.M. (2016). Making Cuba connections: A U.S. academic library builds bridges. *College & Research Libraries News, 77*(10), 482–491.

Lee, J., & Bolt, N. (2016). International partnerships: Value, benefits, and the library administrator's role. *Journal of Library Administration, 56*(3), 209–221.

Reilly, B.F. (2012). Global resources: How a cooperative collection development enterprise keeps pace with a rapidly changing world. *Journal of Library Administration, 52*(1), 70–77.

Smith, B.J. (2015). The case for international collaboration in academic library management, human resources and staff development. *IFLA Journal, 41*(2), 140–152.

Waibel, G., & Erway, R. (2009). Think globally, act locally; Library, archive and museum collaboration. *Museum Management and Curatorship, 24*(4), 323–335.

Weston, P.G., & Vullo, G. (2014). United we stand: Quantitative and qualitative methods to assess cooperation: The URBS libraries network: A case study. *Library Management, 35*(6/7), 508–520.

# 致 谢

感谢所有使这本书得以问世的人，他们包括：各章节的作者；征得其同意引用的所有案例参与者，他们为本书提供了紧密关联且有趣的贡献；Chandos出版社的Glyn Jones和Andrae Akeh，他们在本书的各个阶段提供了支持；我的妻子Chris、女儿Verity、朋友们以及在我的研究、写作和编辑过程中给予我支持、耐心和建议和各位同事们。

# 参考文献


Abrizah, A., Inuwa, S., & Afiqah-Izzati, N. (2016). Systematic literature review informing LIS professionals on embedding librarianship roles. *Journal of Academic Librarianship, 42*(6), 636–643.

ACRL Research Planning and Review Committee. (2014). Top trends in academic libraries: A review of the trends and issues affecting academic libraries in higher education. *College & Research Libraries News, 75*(6), 294–302.

Adema, J., & Schmidt, B. (2010). From service providers to content producers: New opportunities for libraries in collaborative open access publishing. *New Review of Academic Librarianship, 16*(Supp1), 28–43.

Allen, S. (2016). The Hive: The Joint University of Worcester/Worcester Public Library that's open for business. *SCONUL Focus, 65*, 23–28.

Appleton, L. (2010). Living through super-convergence: Creating library and student support at Liverpool John Moores University. *SCONUL Focus, 49*, 67–70.

Appleton, L., & Abernethy, P. (2013). We said … we did!: A partnership approach to developing library and student support services. *New Review of Academic Librarianship, 19*(2), 208–220.

Arts Council England. (2016). *Equality, diversity and the creative case: A data report, 2015-16.* London: Arts Council England.

Ashley, H. (2016). *Four keys to success for local collaborative leadership.*

Association of College and Research Libraries. Working Group on Intersections of Scholarly Communication and Information Literacy. (2013). *Intersections of scholarly communication and information literacy: Creating strategic collaborations for a changing academic environment.* Chicago, IL: Association of College and Research Libraries.

Atkinson, J. (Ed.), (2016). *Quality and the academic library: Reviewing, assessing and enhancing service provision.* Oxford: Chandos Publishing.

Ayris, P. (2011). University and research libraries in Europe working towards open access. *LIBER Quarterly, 20*(3–4), 332–346.

Baldwin, T. (2016). A friend in need is a friend indeed: The M25 Consortium's preparations for disaster management. *SCONUL Focus, 65*, 9–11.

Ball, D. (Ed.), (2005). *Managing suppliers and partners for the academic library.* London: Facet Publishing.

Bannan–Ritland, B. (2003). The role of design in research: The integrative learning design framework. *Educational Researcher, 32*(1), 21–24.

Barker, A. (2015). The Liverpool scene: University Library and University Press as partners. *SCONUL Focus, 63*, 18–20.

Barry, M., Lowe, L.A., & Twill, S. (2017). Academic librarians' attitudes about civic-mindedness and service learning. *The Library Quarterly, 87*(1), 1–16.

Bartnik, L., Farmer, K., Ireland, A., Murray, L., & Robinson, J. (2010). We will be assimilated: Five experiences in embedded librarianship. *Public Services Quarterly, 60*(2–3), 150–164.

Bird, G., & Wong, S. (2014). Consortial shared print archiving: Perspectives from Canada. *Library Management, 35*(1/2), 45–55.

Blake, M., & Gallimore, V. (2016). Using action plans to build partnerships at the University of York. *SCONUL Focus, 65*, 44–46.

Blevins, A., & Inman, M. (Eds.), (2014). *Curriculum-based library instruction: From cultivating faculty relationships to assessment.* Lanham, MD: Rowman & Littlefield.

Bodemer, B. (2016). The wisdom of embedding student assistants in library learning work-flows: Focus on listening and learning. *College & Research Libraries News, 77*(7), 347–348.

Booth, C., Lowe, M.S., Tagge, N., & Stone, S.M. (2015). Degrees of impact: Analyzing the effects of progressive librarian course collaborations on student performance. *College & Research Libraries, 76*(5), 623–651.

Borton, T. (1970). *Reach, touch and teach: Student concerns and process education.* New York: McGraw–Hill.

Borzillo, S. (2009). Top management sponsorship to guide communities of practice. *Journal of Knowledge Management, 13*(3), 60–72.

Borzillo, S., & Kaminska–Labbé, R. (2011). Unravelling the dynamics of knowledge creation in communities of practice through complexity theory lenses. *Knowledge Management Research and Practice, 9*(4), 353–366.

Borzillo, S., Schmitt, A., & Antino, M. (2012). Communities of practice: Keeping the company agile. *Journal of Business Strategy, 33*(6), 22–30.

Brady, K., & Kraft, M. (2012). Embedded and clinical librarianship: Administrative support for vital new roles. *Journal of Library Administration, 52*(8), 716–730.

Brenner, A.L., Kear, R., & Wider, E. (2017). Reinvigorating strategic planning: An inclusive, collaborative process. *College & Research Libraries News, 78*(1), 28–31.

Broek, J.L.V., & Rogers, E.P. (2015). Better together: Responsive community programming at the U–M Library. *Journal of Library Administration, 55*(2), 131–141.

Brophy, P. (2005). *The academic library* (2nd ed.). London: Facet Publishing.

Brown, J.S., & Duguid, P. (1991). Organizational learning and communities of practice: Toward a unified view of working, learning and innovation. *Organization Science, 2*(1), 40–57.

Brown, J., Levin, M., & Marden, J. (2016). In *Collaborative liaison work: A humanities librarian, a science librarian, and a social sciences librarian walk into a bar. Presented at METRO Annual Conference, New York, NY.*

Brown-Sica, M., Sobel, K., & Rogers, F. (2010). Participatory action research in learning commons design planning. *New Library World, 111*(7/8), 302–319.

Calvert, P.J. (2010). Why do staff of joint-use libraries sometimes fail to integrate?: Investigating cultures and ethics in a public tertiary joint use library. *Journal of Academic Librarianship, 36*(2), 133–140.

Cambridge Econometrics. (2017). *Evaluating the benefits of the WHELF consortial approach to a library management system (LMS): Report prepared for Jisc and WHELF.*

Cannell, S. (2011). Supporting research in Scotland: The Scottish Higher Education Digital Library. *Alexandria: The Journal of National and International Library and Information Issues, 22*(2–3), 41–48.

Carlson, J., & Kneale, R. (2011). Embedded librarianship in the research context: Navigating new waters. *College & Research Libraries News, 72*(3), 167–170.

CAUL. (2017, January 24). Australian ORCID Consortium launch.

Chatten, Z., & Roughley, S. (2016). Developing social media to engage and connect at the University of Liverpool Library. *New Review of Academic Librarianship, 22*(2–3), 249–256.

Chetty, L., & Mearns, M. (2012). Using communities of practice towards the next level of knowledge-management maturity. *South African Journal of Information Management, 14*(1), 1–9.

Christiansen, L., Stombler, M., & Thaxton, L. (2004). A report on librarian-faculty relations from a sociological perspective. *Journal of Academic Librarianship, 30*(2), 116–121.

Cooke, L., Norris, M., Busby, N., Page, T., Franklin, G., Gadd, E., et al. (2011). Evaluating the impact of academic liaison librarians on their user community: A review and case study. *New Review of Academic Librarianship, 17*(1), 5–30.

Cordes, S. (2016). Method for decision making in virtual library teams. *Library Management, 37*(1/2), 55–67.

Corrall, S. (2014). Designing libraries for research collaboration in the network world: An exploratory study. *LIBER Quarterly, 24*(1), 17–48.

Corrall, S. (2015). Capturing the contribution of subject librarians: Applying strategy maps and balanced scorecards to liaison work. *Library Management, 36*(3), 223–234.

Corso, M., Giacobbe, A., & Martini, A. (2009). Designing and managing business communities of practice. *Journal of Knowledge Management, 13*(3), 73–89.

Covey, S. R. (1989). *The 7 habits of highly effective people: Restoring the character ethic.* NewYork: Free Press.

Cox, A. (2005). What are communities of practice? A comparative review of four seminal works. *Journal of Information Science, 31*(6), 527–540.

Cox, J. (2007). *Investigative study towards establishing a Scottish Higher Education Digital Library for Scottish universities.* Towcester: John Cox Associates Ltd.

CyMAL: Museums Archives and Libraries Wales. (2011). *Libraries Inspire: The Strategic development framework for Welsh libraries 2012-16.* Aberystwyth: CyMAL, Museums Archives and Libraries Wales.

Daland, H. (2013). The PhD candidate as an information literate resource: Developing research support and information literacy skills in an informal setting. *LIBER Quarterly, 23*(2), 134–155.

Dale, P., & Cheshir, K. (2009). Collaboration between librarians and learning technologists to enhance the learning of health sciences students. *New Review of Academic Librarianship, 15*(2), 206–218.

Danielsson, J., Hirvensalo, J., Kupiainen, J., & Fredriksson, L. (2014). Aalto–yliopiston oppimiskeskuksen palveluja tilakosnsepti. palvelumuotoiluhankkeen loppuraportti 15.1.2014 [The service and space concept for the Aalto University Learning Centre: Report on the service design 15.1.2014]. Espoo: Aalto University Learning Centre.

Darnton, R. (2009, February 12). Google and the future of books. *New York Review of Books.*

Davis, E., & Lundstrom, K. (2011). Creating effective staff development committees: A case study. *New Library World, 112*(7/8), 334–346.

Deacon, M., Han, A., Thorn, M., & Yates, S. (2016).Learning by (more than) doing: Developing staff capability through the collaborative creation of an eLearning module. In *Paper presented at VALA2016, Libraries, Technology and the Future Inc, Melbourne, Australia.*

Dean, R. (2016). Shutting down a consortial digital repository service. *Journal of Library Administration, 56*(1), 91–99.

Delaney, G., & Bates, J. (2015). Envisioning the academic library: A refection on roles, relevancy and relationships. *New Review of Academic Librarianship, 21*(1), 30–51.

Deloitte. (2016). *Global human capital trends 2016. The new organization: Different by design.* Westlake, TX: Deloitte University Press.

Denda, K., & Hunter, J. (2016). Building 21st century skills and creating communities: A team-based engagement framework for student employment in academic libraries. *Journal of Library Administration, 56*(3), 251–265.

Department for Business Innovation and Skills. (2016). *Success as a knowledge economy: Teaching excellence, social mobility and student choice (Cm 9258).* London: HMSO.

DeSanctis, G., & Monge, P. (1998). Communication processes for virtual organizations. *Journal of Computer-Mediated Communication, 3*(4).

Design Council. (2015). *Video: What is service design?.* London: Design Council.

Dole, W.V., & Hill, J.B. (2011). Community users in North American academic libraries. *New Library World, 112*(3/4), 141–149.

Dole, W.V., & Hill, J.B. (2012). Assessing the good will of community users in an academic library. *New Library World, 113*(5/6), 270–280.

Douglas, V.A., & Rabinowitz, C.E. (2016). Examining the relationship between faculty–librarian collaboration and first year students' information literacy abilities. *College & Research Libraries, 77*(2), 144–163.

ED Design. (2017). *Service design.*

Eden, B.L. (Ed.), (2015). *Partnerships and new roles in the 21st-century academic library: Collaborating, embedding and cross-training for the future.* Lanham, MD: Rowman & Littlefield.

Elder, R. (2016). Collections management: Share the experience @ York. *SCONUL Focus, 65*, 37–39.

Eldridge, J., Fraser, K., Simmonds, T., & Smyth, N. (2016). Strategic engagement: New models of relationship management for academic librarians. *New Review of Academic Librarianship, 22*(2–3), 160–175.

Elliott, C., Dewland, J., Martin, J.R., Kramer, S., & Jackson, J.J. (2017). Collaborate and innovate: The impact of academic librarians on the commercialization of university technology. *Journal of Library Administration, 57*(1), 36–48.

Equality Challenge Unit. (2017). *Findings: Sector-leading and innovative practice in advancing equality and diversity. Report to HEFCE.* Bristol: HEFCE.

Fairman, R., & Hannaford, A. (2010). Synergy, efficiency and vision: The Worcester Library and History Centre. *SCONUL Focus, 50,* 86–89.

Fake, M. (2016). Three is not a crowd. Working collaboratively across institutions: The White Rose Libraries partnership at the universities of Leeds, Sheffield and York. *SCONUL Focus, 65*, 4–8.

Feather, C. (2015). The International Coalition of Library Consortia: Origins, contributions and path forward. *Insight, 28*(3), 89–93.

Flemming, C. (2011). A joint university library: Vision and reality. *Library Management, 33*(1/2), 95–103.

Fosmire, M. (2012). Information literacy and engineering design: Developing an integrated conceptual model. *IFLA Journal, 38*(1), 47–52.

Fraser, J., Shaw, K., & Ruston, S. (2013). Academic library collaboration in supporting students pre-induction: The Head Start project. *New Review of Academic Librarianship, 19*(2), 125–140.

Gale, C. (2013). Championing the library: Involving students in development, advocacy and stock selection. *SCONUL Focus, 57*, 37–41.

Garavan, T.N., Carbery, R., & Murphy, E. (2007). Managing intentionally created communities of practice for knowledge sourcing across organizational boundaries: Insights on the role of the CoP manager. *The Learning Organization, 14*(1), 34–49.

Garthwait, C., & Richardson, E.A. (2008). LibQUAL+ in a consortium: KLN's challenges and considerations. *New Library World, 109*(11/12), 499–511.

Giesecke, J. (2011). Institutional repositories: Keys to success. *Journal of Library Administration, 51*(5–6), 529–542.

Giesecke, J. (2012). The value of partnerships: Building new partnerships for success. *Journal of Library Administration, 52*(1), 36–52.

Gore, H. (2014). Massive Open Online Courses (MOOCs) and their impact on academic library services: Exploring the issues and challenges. *New Review of Academic Librarianship, 20*(1), 4–28.

Gorman, M. (2000). *Our enduring values: Librarianship in the 21st century.* Chicago, IL: American Library Association.

Grace, S., & Gravestock, P. (2008). *Inclusion and diversity: Meeting the needs of all students.* London: Routledge.

Gray, D. E. (2007). Facilitating management learning: Developing critical reflection through reflective tools. *Management Learning, 38*(5), 495–517.

Green, H. (2013). Libraries across land and sea: Academic library services on international branch campuses. *College & Research Libraries, 74*(1), 9–23.

Greenall, J., & Sen, B. A. (2016). Reflective practice in the library and information sector. *Journal of Librarianship and Information Science, 48*(2), 137–150.

Guile, D., & Young, M. (1998). Apprenticeship as a conceptual basis for a social theory of learning. *Journal of Vocational Education and Training, 50*(2), 173–193.

Haerkoenen, S. (2010). International networking and staff development EU–style: Cardiff University's library service and the Erasmus staff mobility scheme. *SCONUL Focus, 49*, 27–29.

Hale, D. (2016). *Shared collections: Collaborative stewardship.* London: Facet Publishing.

Hall, S.L., & Marshall, D.H. (2014). Embedded librarianship in branch settings: Customizing liaison services. *New Library World, 115*(11/12), 508–514.

Han, A., Deacon, M., & Yates, S. (2015). In *The neverending story: A continuing professional development approach. Paper presented at MoodleMoot, Melbourne, Australia.*

Hanson, T. (Ed.), (2005). *Managing academic support services in universities: The convergence experience.* London: Facet Publishing.

Hansson, J. (2006). Just collaboration or really something else? On joint–use libraries and normative institutional change with two examples from Sweden. *Library Trends, 54*(4), 549–568.

Harloe, B., Hults, P., & Traub, A. (2015). What's the use of use?: Return on investment strategies for consortial DDA programs. *Journal of Library Administration, 55*(3), 249–259.

Harnad, S. (2015). Optimizing open access policy. *Serials Librarian, 69*(2), 133–141.

Harrison, A., Burress, R., Velasquez, S., & Schreiner, L. (2017). Social media use in academic libraries: A phenomenological study. *Journal of Academic Librarianship, 43*(3), 248–256.

Hemmasi, M., & Csanda, C.M. (2009). The effectiveness of communities of practice: An empirical study. *Journal of Managerial Issues, 21*(2), 262–279.

Herrington, J., Reeves, T.C., & Oliver, R. (2006). Authentic tasks online: A synergy among learner, task and technology. *Distance Education, 27*(2), 233–247.

Herrington, J., Reeves, T.C., & Oliver, R. (2010). *A guide to authentic e-learning*. New York: Routledge.

Hinchliffe, L.J., & Wong, M.A. (2012). *Environments for student growth and development: Libraries and student affairs in collaboration*. Chicago, IL: ACRL.

Hinds, P.J., & Mortensen, M. (2005). Understanding conflict in geographically distributed teams: The moderating effects of shared identity, shared context, and spontaneous communication. *Organization Science, 16*(3), 290–307.

Hoffman, S. (2015). Data reference and instruction in journalism and the social sciences. *DttP: Documents to the People, 43*(2), 14 – 17.

Hoffman, S. (2011). Embedded academic librarian experiences in online courses: Roles, faculty collaboration, and opinion. *Library Management, 32*(6/7), 444–456.

Hoffman, S., & Ramin, L. (2010). Best practices for librarians embedded in online courses. *Public Services Quarterly, 6*(2–3), 292–305.

Hommey, T.A. (2015). Lessons from a joint–use college/university library. *Journal of Library Administration, 55*(5), 405–413.

Horava, T. (2013). Today and in perpetuity: A Canadian consortial strategy for owning and hosting ebooks. *Journal of Academic Librarianship, 39*(5), 423–428.

Horton, V., & Pronevitz, G. (2015). *Library consortia: Models for collaboration and sustainability.* Chicago, IL: ALA Editions.

Hunter, N. C., Legg, K., & Oehlerts, B. (2010). Two librarians, an archivist, and 13000 images: Collaborating to build a digital collection. *The Library Quarterly, 80*(1), 81–103.

Iannuzzi, P.A. (2010). *The educational role of research libraries in higher education: A White Paper for the Directors of the Greater Western Library Alliance. 1-10.*

Iaquinto, B., Ison, R., & Faggian, R. (2011). Creating communities of practice: Scoping purposeful design. *Journal of Knowledge Management, 15*(1), 4–21.

Irving, C. (2011). National Information Literacy Framework (Scotland): Pioneering work to influence policy making or tinkering at the edges? *Library Trends, 60*(2), 419–438.

Jarvenpaa, S.L., & Leidner, D.E. (1999). Communication and trust in global virtual teams. *Organization Science, 10*(6), 791–815.

Jeal, Y. (2014). Strategic alignment at the University of Manchester Library: Ambitions, transitions and new values. *New Review of Academic Librarianship, 20*(3), 278–295.

Jilovsky, C., & Genoni, P. (2014). Shared collections to shared storage: The CARM1 and CARM2 print repositories. *Library Management, 35*(1/2), 2–14.

Jisc. (2017). *Building digital capability.*

Johnson, R. B., & Onwuegbuzie, A. J. (2004). Mixed methods research: A research paradigm whose time has come. *Educational Researcher, 33*(7), 14–26.

Joint, N. (2011). UK higher education libraries and the role of JISC, the Joint Information Systems Committee. *Library Review, 60*(3), 181–187.

Jolly, L., & White, S. (2016). Communication, collaboration and enhancing the learning experience: Developing a collaborative virtual enquiry service in universities in the North of England. *New Review of Academic Librarianship, 22*(2–3), 176–191.

Jordan, J. (Ed.), (2009). *Weaving libraries into the web: OCLC 1998-2008.* Philadelphia, PA: Routledge.

Jubb, M. (2007). Supporting the research base: The Research Information Network and scholarly communications. *New Review of Academic Librarianship, 13*(1–2), 35–50.

Kaufman, P. (2012). Let's get cozy: Evolving collaborations in the 21st century. *Journal of Library Administration, 52*(1), 53–69.

Kazlauskas, A. (2014). Communities of practice: Doing it together. In H. Hasan (Ed.), *Being practical with theory: A window into business research* (pp. 44–48). Wollongong, NSW: THEORI.

Keene, J., & Fairman, R. (2011). Building an integrated work force through shared values: The Worcester Library and History Centre. *Library Review, 60*(3), 188–201.

Kidd, T., & Stevenson, L. (2010). SHEDL—the Scottish Higher Education Digital Library: An update. *Serials: The Journal for the Serials Community, 23*(3), 196–200.

Kim, H. S. (1999). Critical reflective inquiry for knowledge development in nursing practice. *Journal of Advanced Nursing, 29*(5), 1205–1212.

Kroll, S., & Forsman, R. (2010). *A slice of research life: Information support for research in the United States.* Dublin, OH: OCLC Research.

Lamb, R., Sawyer, S., & Kling, R. (2000). In *A social informatics perspective on socio-technical networks. AMCIS 2000 Proceedings. Paper 1.*

Leech, N.L., & Onwuegbuzie, A.J. (2009). A typology of mixed methods research designs. *Quality and Quantity, 43*(2), 265–275.

Leu, D.J., & Kinzer, C.K. (2000). The convergence of literacy instruction with networked technologies for information and communication. *Reading Research Quarterly, 35*(1), 108–127.

Levy, P. & Roberts, S. (Eds.), (2005). *Developing the new learning environment: The changing role of the academic librarian.* London: Facet Publishing.

Levy, P. & Roberts, S. (Eds.), (2005). *Developing the new learning environment: The changing role of the academic librarian.* London: Facet Publishing.

Lewis, D. W. (2010). Academic library staffing a decade from now. In S. Walter & K. Williams (Eds.), *The expert library: Staffing, sustaining, and advancing the academic library in the 21st century* (pp. 1–29). Chicago, IL: Association of College and Research Libraries.

Lippincott, J.K. (2004). New library facilities: Opportunities for collaboration. *Resource Sharing & Information Networks, 17*(1–2), 147–157.

Long, D. (2011). Embedded right where the students live: A librarian in the university residence halls. In K. Calkins and C. Krevild (Eds.), *Embedded librarians: Moving beyond one-shot instruction.* (pp.199–211). Chicago, IL: Association of College and Research Libraries.

Lotts, M. (2016). Building bridges, creating partnerships, and elevating the arts: The Rutgers University Art Library exhibition spaces. *College & Research Libraries News, 77*(5), 226–230.

Loyarte, E., & Rivera, O. (2007). Communities of practice: A model for their cultivation. *Journal of Knowledge Management, 11*(3), 67–77.

Lynch, C.A. (2003). Institutional repositories: Essential infrastructure for scholarship in the digital age. *ARL Bimonthly Report*, 226, 1–7.

MacColl, J., & Jubb, M. (2011). *Supporting research: Environments, administration and libraries*. Dublin, OH: OCLC Research.

Macdonald, S., & Martinez–Uribe, L. (2010). Collaboration to data curation: Harnessing institutional expertise. *New Review of Academic Librarianship, 16*(Suppl), 4–16.

Machovec, G. (2015). Consortial e–resource licensing: Current trends and issues.

*Journal of Library Administration, 55*(1), 69–78.

Mack, D. C. & White, G. W. (Eds.), (2014). *Assessing liaison librarians: Documenting impact for positive change.* Chicago, IL: Association of College and Research Libraries.

Mackenzie, A. & Martin, L. (Eds.), (2016). *Developing digital scholarship: Emerging practices in academic libraries.* London: Facet Publishing.

Mackey, T.P. & Jacobson, T.E. (Eds.), (2010). *Collaborative information literacy assessments: Strategies for evaluating teaching and learning.* London: Facet Publishing.

Macmillan, D. (2015). Developing data literacy competencies to enhance faculty collaborations. *LIBER Quarterly, 24*(3), 140–160.

Macpherson, A., & Antonacopoulou, E. (2013). Translating strategy into practice: The role of communities of practice. *Journal of Strategy and Management, 6*(3), 265–285.

Mager, B. (2009). Service design as an emerging field. In S. Miettinen & M. Koivisto (Eds.), *Designing services with innovative methods.* (pp. 28–42). Helsinki: Taik Publications.

Mahaffy, M. (2008). Exploring common ground: US writing center/library collaboration. *New Library World, 109*(3/4), 173–181.

Mak, V.Y.M., Chan, D.L.H., Lam, K.-T., & Li, Y.O. (2015). Hong Kong JULAC common library card. *Library Management, 36*(8/9), 690–700.

Mallon, M., & Bernstein, S. (2015). *Collaborative learning technologies.*

Malpas, C., & Lavoie, B. (2016). *Strength in numbers: The Research Libraries UK (RLUK) collective collection.* Dublin, OH: OCLC Research.

Mark, T. (2007). National and international library collaboration: Necessity, advantages. *LIBER Quarterly, 17*(3–4).

Massis, B. (2016). Libraries engaging through connected learning. *New Library World,*

*117*(7/8), 540–543.

McArthur, J.A., & Graham, V.J. (2015). User–experience design and library spaces: A pathway to innovation. *Journal of Library Innovation, 6*(2), 1–14.

McCarthy, G., & Konstantelos, L. (2013). *University of Melbourne Digital Preservation Strategy 2015–2025: Vision, mandate and principles.*

McGlamery, S. (2009). *24/7 reference: Global partnerships.* Oxford: Chandos Publishing.

McLoughlin, D., & Wilson, R. (2007). Painting the roses red: Volunteering in the community. *New Review of Academic Librarianship, 13*(1–2), 71–78.

Melling, M., & Weaver, M. (Eds.), (2012). *Collaboration in libraries and learning environments.* London: Facet Publishing.

Mengel, E., & Lewis,V. (2012). Collaborative assessment: North American academic libraries' experiences using the Balanced Scorecard to measure performance and show value. *Library Management, 33*(6/7), 357–364.

Meulemans, Y. N., & Carr, A. (2013). Not at your service: Building genuine faculty–librarian partnerships. *Reference Services Review, 41*(1), 80–90.

Meunier, B., & Eigenbrodt, O. (2014). More than bricks and mortar: Building a community of users through library design. *Journal of Library Administration, 54*(3), 217–232.

Mi, M. (2015). Expanding librarian roles through a librarian initiated and facilitated faculty learning commons. *Journal of Library Administration, 55*(1), 24–40.

Mierke, J. (2014). Leadership development to transform a library. *Library Management, 35*(1/2), 69–77.

Miller, J. (2014). A method for evaluating library liaison activities in small academic libraries. *Journal of Library Administration, 54*(6), 483–500.

Minihan, B. (2014). Seeing the trees through the forest: Centralising collection management at academic libraries in Hong Kong. *Library Management, 35*(1/2),

37–44.

Ministry of Business, Innovation and Employment. (2016). *2016 Research, Science and Innovation Domain Plan*. September.

Mitchell, J., & Soini, N. (2014). Student involvement for student success: Student staff in the learning commons. *College & Research Libraries, 75*(4), 590–609.

Moed, H. F. (2005). *Citation analysis in research evaluation.* Dordrecht: Springer.

Morgan, L., Paucar–Caceres, A., & Wright, G. (2014). Leading effective global virtual teams: The consequences of methods of communication. *Systemic Practice and Action Research, 27*(6), 607–624.

Neal, J.G. (2011). Advancing from Kumbaya to radical collaboration: Redefining the future research library. *Journal of Library Administration, 51*(1), 66–76.

Nixon, J.M., Freeman, R.S., & Ward, S.M. (Eds.), (2012). *Patron-driven acquisitions: Current successes and future directions.* London: Routledge.

Nuttall, M. (2010). Community of practice. In A. J. Mills, G. Durepos, & E. Wiebe (Eds.), *Encyclopedia of case study research.* (pp. 173–175). Thousand Oaks, CA: Sage Publications.

Oddy, E. (2015). Embracing the student voice. *SCONUL Focus, 64*, 31–33.

Omidvar, O., & Kislov, R. (2014). The evolution of the communities of practice approach: Toward knowledgeability in a landscape of practice: An interview with Etienne Wenger–Trayner. *Journal of Management Inquiry, 23*(3), 266–275.

Owen, G.W. (2016). Developing a shared library management system for Wales. *Library Management, 37*(6/7), 385–395.

Palomino, N.E., & Gouveia, P.F. (2011). Righting the academic paper: A collaboration between library services and the writing centre in a Canadian academic setting. *New Library World, 112*(3/4), 131–140.

Parsons, R. (2016). *SCONUL shared services: A toolkit for library collaboration.* London: SCONUL.

Pastoors, K. (2007). Consultants: Love–hate relationships with communities of practice. *The Learning Organization, 14*(1), 21–33.

Pearce, N., Weller, M., Scanlon, E., & Ashleigh, M. (2010). Digital scholarship considered: How new technologies could transform academic work. *in education, 16*(1), 33 - 44.

Pemberton, J., Mavin, S., & Stalker, B. (2007). Scratching beneath the surface of communities of (mal) practice. *The Learning Organization, 14*(1), 62–73.

Perry, K.A. (2009). Where are library consortia going? Results of a 2009 survey. *Serials, 22*(2), 122–130.

Peters, J., Gorman, M., & Smith, E. (2016). Review of the Cardiff University health library service. In J. Atkinson (Ed.), *Quality and the academic library: Reviewing, assessing and enhancing library provision.* (pp. 61–75). Oxford: Chandos Publishing.

Pham, H.T., & Tanner, K. (2014). Collaboration between academics and librarians: A literature review and framework for analysis. *Library Review, 63*(1/2), 15–45.

Pham, H.T., & Tanner, K. (2015). Collaboration between academics and library staff: A structurationist perspective. *Australian Academic and Research Libraries, 46*(1), 2–18.

Pillai, M. (2010). Locating learning development in a university library: Presenting effective academic help seeking. *New Review of Academic Librarianship, 16*(2), 121–144.

Pittaway, S. (2016). Engaging students, shaping services: The changing face of student engagement at The Hive. *Insights: The UKSG Journal, 29*(3), 249–257.

Priestner, A. & Borg, M. (Eds.), (2016). *User experience in libraries: Applying ethnography and human centred design.* London: Routledge.

Quinlan, C., & McHarg, H. (2012). The emerging library: Structure, culture, and lessons learned from the dissolution of a combined libraries–IT organization.

*Journal of Library Administration, 52*(2), 147–161.

Rath, L. (2016). Omeka.net as a librarian–led digital humanities meeting place. *New Library World, 117*(3/4), 158–172.

Reilly, B. F. (2013). The future of cooperative collections and repositories: A case study of the Center for Research Libraries. *Library Management, 34*(4/5), 342–351.

Renwick, H. (2013). Collaborative storage of print materials in New Zealand. *Library Management, 34*(4/5), 335–341.

Retna, K. S., & Tee Ng, P. (2011). Communities of practice: Dynamics and success factors. *Leadership & Organization Development Journal, 32*(1), 41–59.

Roberts, J. (2006). Limits to communities of practice. *Journal of Management Studies, 43*(3), 623–639.

Rockenbach, B. A. (2013). Digital humanities in libraries: New models for scholarly engagement [special issue]. *Journal of Library Administration, 53*(1), 1–96.

Rose, S. (2016).'No librarian is an island': Developing a shared and collaborative approach to service provision. *SCONUL Focus, 65*, 2–3.

Rose, S., & White, L. (2013). The establishment of a staff development network amongst partner libraries in the south of England. *SCONUL Focus, 59*, 45–47.

Rowland, J. (2015). Library outreach to schools and colleges at the University of Bradford: Teaching students, networking with librarians. *SCONUL Focus, 62*, 28–30.

Russell, R., & Day, M. (2010). Institutional repository interaction with research users: A review of current practice. *New Review of Academic Librarianship, 16*(Suppl. 1), 116–131.

Schader, B. (Ed.), (2008). *Learning commons: Evolution and collaborative essentials.* Oxford: Chandos Publishing.

SCONUL. (2013). *WATER: Walk in access to e-resources. Providing visitor access to e-resources: Guidelines and advice.* London: SCONUL.

Seaman, M. (2008). Birds of a feather?: Communities of practice and knowledge communities. *Curriculum and Teaching Dialogue, 10*(1/2), 269–279.

Secker, J., & Madjarevic, N. (2012). Sharing information literacy resources as open educational resources: Lessons learned from DELILA. *SCONUL Focus, 55*, 14–18.

Shipman, J.P. (2007). Informationists or information specialists in context (ISIC): Six years after conception. *IFLA Journal, 33*(4), 335–339.

Showers, B. (2014). *A National Monograph Strategy roadmap.* London: Jisc.

Shumaker, D. (2012). *The embedded librarian: Innovative strategies for taking knowledge where it's needed.* Medford, NJ: Information Today.

Sidorko, P.E., & Yang, T.T. (2011). Knowledge exchange and community engagement: An academic library perspective. *Library Management, 32*(6/7), 385–397.

Simons, N. (2017). *ORCID joint statements launched.* January 24.

Smith, B.J. (2016). Broadening our scope: International collaboration for retooling the academic library. *Journal of Library Administration, 56*(4), 395–415.

Sinclair, B. (2014). The university library as incubator for digital scholarship. *EDUCAUSE Review.*

Somerville, M.M., Cooper, L., Torhell, C., & Hashert, C. (2015). At home in the world: International library staff exchange program highlights. *IFLA Journal, 41*(4), 326–335.

Soules, A., Nielsen, S., Lee, H.Y., & Rifae, K.A. (2013). Embedding information literacy in an MA TESOL program. *New Library World, 114*(1/2), 32–43.

Sparks, J., Saw, G., & Davies, M. (2014). Mapping the future: (Yin yang) career development collaboration. *Library Management, 35*(8/9), 629–644.

Stewart, C. (2010). Half empty or half full? Staffing trends in academic libraries at US research universities, 2000–2008. *Journal of Academic Librarianship, 36*(5), 394–400.

Stewart, C. (2012). Preservation and access in an age of e–science and electronic records: Sharing the problem and discovering common solutions. *Journal of Library Administration, 52*(3–4), 265–278.

Storberg–Walker, J. (2008). Wenger's communities of practice revisited: A (failed) exercise in applied communities of practice theory–building research. *Advances in Developing Human Resources, 10*(4), 555–577.

Storey, C. (2015). Commons consent: Librarians, architects and community culture in co–creating academic library learning spaces. *Library Management, 36*(8/9), 570–583.

Swindler, L. (2016). New consortial model for e–books acquisitions. *College & Research Libraries, 77*(3), 269–285.

Tapscott, D. (2008). *Grown up digital: How the net generation is changing your world.* New York: McGraw–Hill.

Tarulli, L., & Spiteri, L. F. (2012). Library catalogues of the future: A social space and collaborative tool. *Library Trends, 61*(1), 107–131.

Thompson, E., Hunter–Jones, P., & Barker, A. (2014). Students as consultants: A fresh approach to customer engagement. *SCONUL Focus, 61*, 14–16.

Towlson, K., & Rush, N. (2010). Woolly beard or sharp business suit? The library as a crucible for the mixing of academia and the business community. *SCONUL Focus, 50*, 90–91.

Ullah, A. (2015). Examining collaboration among central library and seminar libraries of leading universities in Pakistan. *Library Review, 64*(4/5), 321–334.

Universities UK. (2015). *Efficiency, effectiveness and value for money.* London: Universities UK.

University of Worcester.(2013). *Strategic Plan 2013-18.*

University of Worcester. (2016). *Pupils put politics into practice thanks to University.*

University of Worcester Library Services. (2016). *Study happy.*

van Duinkerken, W., & Romano, J. (2016). Embracing the future while storing the past:

The joint library facility story. *Library Review, 65*(6/7), 420–428.

Vygotsky, L.S. (1978). *Mind in society: The development of higher psychological processes.* Cambridge, MA: Harvard University Press.

Walton, G. (2016). 'Digital literacy' (DL): Establishing the boundaries and identifying the partners. *New Review of Academic Librarianship, 22*(1), 1–4.

Wenger, E.C., McDermott, R., & Snyder, W.M. (2002). *Cultivating communities of practice: A guide to managing knowledge.* Boston, MA: Harvard Business School Press.

Weller, M. (2011). *The digital scholar: How technology is transforming scholarly practice.* London: Bloomsbury Academic.

Westbrook, R.N. (2012). Online management system: Wielding Web 2.0 tools to collaboratively manage and track projects. *Journal of Library Innovation, 3*(1), 86–100.

WHELF, & Jisc. (2013). *Welsh Shared Service Library Management System feasibility report.*

Williams, B. (2001). Developing critical reflection for professional practice through problem–based learning. *Journal of Advanced Nursing, 34*(1), 27–34.

Worcestershire County Council. (2017). *Worcestershire's Corporate Plan: Shaping Worcestershire's future 2017-2022.*

Yamklin, S., & Igel, B. (2012). Communities of practice purposefully designed for improving business performance. *Knowledge and Process Management, 19*(4), 189–202.

Yip, J., Ernst, C., & Campbell, M. (2011). *Boundary spanning leadership: Mission critical perspectives from the Executive Suite.* Greensboro, NC: Center for Creative Leadership.

York, A.C., & Vance, J.M. (2009). Taking library instruction into the online classroom: Best practices for embedded librarians. *Journal of Library Administration,*

*49*(1–2), 197–209.

Zárraga-Oberty, C., & De Saá-Pérez, P. (2006).Work teams to favor knowledge management: Towards communities of practice. *European Business Review, 18*(1), 60–76.

Zboralski, K. (2009). Antecedents of knowledge sharing in communities of practice. *Journal of Knowledge Management, 13*(3), 90–101.

# 缩写与首字母缩略词

下面的列表解释了书中使用的一般缩写和首字母缩略词。它不包括与特定机构或组织有关的所有缩写和首字母缩略词。

AAF 澳大利亚信息检索协会

ACRL 美国大学与研究型图书馆协会

ANZSRC 澳大利亚和新西兰标准研究分类

APC 文章处理费

API 应用程序接口

APUC 高等院校高级采购（苏格兰）

ARL 研究型图书馆协会（美国和加拿大）

BID 商业改善区（英国）

BLCMP 伯明翰图书馆合作机械化项目（英国）

CAD 计算机辅助设计

CARL 加拿大研究图书馆协会

CAUDIT-NZ 澳大利亚大学信息技术主任理事会—新西兰

CAUL 澳大利亚大学图书馆员理事会

CAVAL 澳大利亚维多利亚大学图书馆合作行动

CCI 客户间互动

CD-ROM 光盘只读存储器

CILIP 图书馆和信息技术专业特许协会（英国）

CNC 计算机数控

CNY 纽约州连接计划（美国）

COAF 慈善开放获取基金（英国）

COBRA 完整商业参考顾问

CONZUL 新西兰大学图书馆员理事会

CoP 实践共同体

Copac 前身是在线联盟公共检索目录（英国和爱尔兰）

CORC 合作在线资源目录（OCLC）

CRAC CAUL研究咨询委员会（澳大利亚）

CRIs 皇冠研究所（新西兰）

CRIS 当前研究信息系统

CRL 研究型图书馆中心

CRM 客户关系管理

DOI 数字对象标识符

DVC 副校长

DVD 数字多功能光盘/数字视频光盘

EMBA 高级工商管理

ERA 澳大利亚卓越研究

ERM 电子资源管理

ESRC 学术研究中心

EU 欧盟

FAQs 常见问题解答

GIS 地理信息系统

HASS 人文、艺术和社会科学

HEFCE 英国高等教育拨款委员会

HERDC 高等教育研究馆藏数据（澳大利亚）

HR 人力资源

ICOLC 国际图书馆联盟

ICT 信息与通信技术

iD 标识符

ILL 馆际互借

ILS 综合图书馆系统

IP 知识产权

IT 资讯科技

ITT 招标

Jisc 前身是联合信息系统委员会（英国）

JULAC 大学图书馆联合咨询委员会（中国香港）

KLN 基石图书馆网络（美国）

KT 知识转移

LEP 地方企业合作伙伴关系（英国）

LIBER 欧洲研究图书馆协会（法文：Ligue des Bibliotheques Europeennes de Recherche）

LMS 学习管理系统/图书馆管理系统

MARC 机读编目

MBA 工商管理硕士

MBIE 商业、创新和就业部（新西兰）

MOOC 慕课（大规模网络公开课）

MSc 理学硕士

NBK 英国国家书目知识库（英国）

NES 苏格兰国家卫生服务（NHS）教育

NeSI 新西兰电子科学基础设施

NESLi 英国国家电子站点许可倡议（英国）

NHS 英国国家卫生服务（英国）

NISA 国家创新与科学议程（澳大利亚）

NISO 国家信息标准组织

NSS 全国学生调查

NZGL 新西兰基因有限公司

OA 开放获取

OCLC 前身为俄亥俄大学图书馆中心（美国）

OCUL 安大略省大学图书馆理事会（加拿大）

ORCID 开放研究者与贡献者ID

PhD 博士

PQQ 资格预审问卷

PRES 研究生研究经验调查

PRINCE 受控环境下的项目

PTES 研究生教学经验调查

PVC 前任副校长

RAE 研究评估活动（英国）

RCUK 英国学术委员会

RDM 研究数据管理

REANNZ 新西兰研究与教育高级网络

REF 卓越研究框架（英国）

RIN 研究信息网络（英国）

RLUK 英国研究图书馆

ROI 投资回报率

SAP 学生作为合作伙伴

SCIP 社会与文化信息平台

SCONUL 学院、国家和大学图书馆协会（英国和爱尔兰）

SCOPNet SCURL联合采购网络

SCURL 苏格兰高校图书馆与研究图书馆联合会

SFC 苏格兰资助委员会

SHEDL 苏格兰高等教育数字图书馆

SWALCAP 英国西南部地区学术图书馆合作自动化项目

TEF 卓越教学框架（英国）

TEL 技术增强型教学

THELMA 泰晤士高等教育领导力与管理奖

ToR 职权范围

TRLN 三角研究型图书馆网络（美国）

URONZ 新西兰大学研究办公室

VALA 图书馆、技术与未来联合体，前身是澳大利亚维多利亚州图书馆自动化协会

VIAF 虚拟国际规范文档

VIC 供应商信息中心（OCLC）

VLE 虚拟学习环境

WHEEL 威尔士高等教育电子图书馆

WHELF 威尔士高等教育图书馆论坛

WMS WorldShare 管理服务（OCLC）

## 内 容 提 要

本书不仅阐述了影响学术图书馆内部和外部合作的不同方面，以帮助读者在复杂和困难的工作环境中为合作活动提供未来的方向，还提供了该领域的广泛介绍和概述，以及一系列案例研究，为更有经验的信息专业人员提供了实用方法和最新的反思内容。希望本书能呈现学术图书馆合作和所需的技能方面不同的观点、信息，包括“谁”“为什么”“什么”和“如何”等。

著作权合同登记号：图字：01-2024-2424

图书在版编目（CIP）数据

合作与学术图书馆 /（英）杰里米·阿特金森编；史云译. -- 北京：中国纺织出版社有限公司，2024.5
ISBN 978-7-5229-1716-0

Ⅰ.①合… Ⅱ.①杰… ②史… Ⅲ.①图书馆事业—研究 Ⅳ.①G25

中国国家版本馆CIP数据核字（2024）第081031号

责任编辑：郝珊珊　　责任校对：高　涵　　责任印制：储志伟

中国纺织出版社有限公司出版发行
地址：北京市朝阳区百子湾东里A407号楼　邮政编码：100124
销售电话：010—67004422　传真：010—87155801
http://www.c-textilep.com
中国纺织出版社天猫旗舰店
官方微博 http://weibo.com/2119887771
三河市延风印装有限公司印刷　各地新华书店经销
2024年5月第1版第1次印刷
开本：710×1000　1/16　印张：15.5
字数：210千字　定价：128.00元

Collaboration and the Academic Library: Internal and External, Local and Regional, National and International

JEREMY ATKINSON

ISBN: 978-0-08-102084-5



Authorized Chinese translation published by China Textile & Apparel Press.

合作与学术图书馆（史云译）

ISBN: 978-7-5229-1716-0



**注意**

本书涉及领域的知识和实践标准在不断变化。新的研究和经验拓展我们的理解，因此须对研究方法、专业实践或医疗方法作出调整。从业者和研究人员必须始终依靠自身经验和知识来评估和使用本书中提到的所有信息、方法、化合物或本书中描述的实验。在使用这些信息或方法时，他们应注意自身和他人的安全，包括注意他们负有专业责任的当事人的安全。在法律允许的最大范围内，爱思唯尔、译文的原文作者、原文编辑及原文内容提供者均不对因产品责任、疏忽或其他人身或财产伤害及/或损失承担责任，亦不对由于使用或操作文中提到的方法、产品、说明或思想而导致的人身或财产伤害及/或损失承担责任。